KB195951

초등 3학년, 요약 잘하는 아이가 앞서갑니다

# 초등 3학년, 요약 잘하는 아이가 앞서갑니다

이현실·남상욱 지음

 북플리오

# 초등 3학년, 요약력으로 상위 1% 학습 전략을 세운다

우리 아이들은 열심히 책을 읽습니다. 진지한 눈빛으로 부지런히 책장을 넘기죠. 하지만 책을 덮는 순간, 아이에게 책의 내용에 대해 질문하면 보통 이런 대답이 돌아옵니다.

"잘 모르겠어요."

"너무 긴데 그걸 어떻게 다 말해요?"

"앞부분 내용을 까먹었어요."

2024년 한국교총은 교원 5,848명을 대상으로 '학생 문해력 실태 인식 조사'를 실시했습니다. 그 결과 10명 중 9명의 선생님들은 아이들의 문해력이 '저하'됐다고 답했습니다. 읽었지만 말할 수 없고, 들었지만 이해하지 못하며, 보았지만 설명할 수 없는 아이들이 늘고 있습니다.

하지만 현재 급변하는 교육 환경은 아이들에게 한층 높은 문해력을 요구하고 있습니다. 2028년 대입제도 개편, 고교학점제 도입, 서술형 평가 확대 등으로 문해력은 기본이고, 창의적이고 비판적인 사고를 글과 말로 표현해야 하는 시대가 되었습니다.

그 어느 때보다 문해력이 중요해진 시기, 어떻게 읽어야 할까요?

'요약'하며 읽어야 합니다.

왜 요약력이 중요할까요?

- 학습 효율을 향상시킵니다. 글의 핵심을 파악하여 깊이 있게 이해할 수 있고, 따라서 기억에 오래 남습니다.
- 비판적 사고력을 계발할 수 있습니다. 중요한 정보를 선별하는 능력이 향상되니까요.
- 창의력을 자극합니다. 정보를 재구성해서 새로운 아이디어를 창출할 수 있습니다.
- 의사소통 능력이 향상됩니다. 자신의 생각을 명확하게 표현하는 능력을 키우게 되죠.
- 시간 관리 능력이 향상됩니다. 정보를 효율적으로 처리

해 시간을 효율적으로 사용할 수 있게 됩니다.

실제로 상위 1% 대학에 입학한 학생들의 공통점은 요약력이 뛰어나다는 것입니다. 그들은 자신만의 방식으로 내용을 이해하고, 정리하며, 확장해 갑니다.

주목할 점은, 많은 수능 고득점자들이 "교과서를 중심으로 분석하고 공부했다"는 말을 빼놓지 않는다는 사실입니다. 교과서는 각 과목의 핵심 지식을 담고 있습니다. 이 교과서의 내용을 효과적으로 요약하여 자신만의 지식 도서관을 구축하는 것이 바로 성공적인 학습의 비결입니다. 이는 단순히 국어 과목에 한정되지 않고 수학, 과학 등 모든 과목에 적용되는 이야기입니다.

여기서 요약은 단순히 정보를 압축하는 작업이 아닙니다. 정보의 본질을 파악해 중요한 부분에 초점을 맞추고, 이를 개념화된 자신만의 언어로 표현하는 정교한 사고 과정입니다.

우리 아이들이 살아갈 미래는 지금보다 정보의 양이 몇 배 혹은 몇십 배 아니 몇만 배 넘게 폭발적으로 증가할 것입니다. 이 정보 과부하의 시대에서 핵심 지식을 찾아내고, 그 지식을 자신의 것으로 만드는 능력이 바로 '요약'입니다.

그럼, 우리 아이들의 요약력을 언제부터 키워주어야 할까요? 초등 3학년, 아이들의 학습 여정에서 중요한 전환점이 되는 이 시기가 바로 요약력을 키울 적기입니다. 초3이 되면 본격적으로 읽기 교육이 시작됩니다. 1~2학년과 다르게 '주장하는 읽기와 말하기'를 배우면서 사실과 의견을 구별하고, 객관적이고 논리적으로 글을 읽고 말로 표현하는 수업이 시작됩니다.

　　이때부터 아이들은 방대해진 과목의 수업 내용을 선생님이나 부모님의 도움 없이 주도적으로 정리하고, 발표하게 됩니다. 여기서 핵심적인 역할을 하는 것이 바로 요약력이며, 요약을 잘하는 아이들은 서서히, 그리고 꾸준히 앞서가게 되죠.

　　《초등 3학년, 요약 잘하는 아이가 앞서갑니다》는 변화하는 교육 환경과 시대적 요구에 맞춰, 우리 아이들에게 꼭 필요한 요약력을 키우도록 돕는 책입니다. 요약의 기본 개념과 중요성을 설명하고, 부모님과 아이들이 직접 연습하고 활용할 수 있는 다양한 요약 기법과 전략을 담았습니다. 책에서 안내하는 다양한 종류의 텍스트를 요약하며 읽고, 자기 것으로 온전히 소화하는 과정을 아이들이 직접 경험하면 좋겠습니다.

　　이 과정에서 아이들은 비판적 사고력과 정보 분석 능력을 키우게 될 것입니다. 이를 바탕으로 중·고등학교까지 이어지는 입시는 물론이고, 미래 사회에서 자신의 능력을 충분히 발휘할 수 있는 기반을 다질 수 있을 것입니다.

이 책을 읽고, 일상생활에서 다양한 방법으로 아이들과 요약 연습을 해본다면 좋겠습니다. 저녁 식사 시간에 그날 있었던 일을 짧게 요약해서 이야기하는 시간을 가져도 좋고, 아이가 좋아하는 동화책, 뉴스 기사, 영화 줄거리 등 다양한 매체를 자료 삼아 요약력을 키우는 기회를 마련하는 것도 추천합니다.

요약한 내용을 마인드맵, 그림, 도표 등으로 시각화할 수도 있겠죠. 재미있는 게임도 가능합니다. 누가 짧고 정확하게 요약하는지 가족 간 대결도 할 수 있습니다. 누가 더 한눈에 정리되게 잘 그렸는지 벽에 붙여놓고 스티커를 붙여볼 수도 있습니다.

짧고 쉬운 글부터 시작해 점차 길고 복잡한 글로 요약의 수준을 높여보세요. 아이의 성취감을 길러줄 수 있고, 어려운 글도 겁내지 않고 도전하게 만듭니다. 물론 이런 과정에서 아이에게 구체적이고 긍정적인 피드백을 제공하는 것도 잊지 마세요. 잘한 점을 칭찬하고, 개선할 점은 어떻게 연습하면 좋을지 함께 고민해보세요.

학교에서 배운 내용을 바탕으로 요약 연습을 해보는 것도 물론 좋습니다. 이는 학습 내용의 이해와 기억을 돕고, 시험 준비에도 유용하죠. 하루를 마무리하며 그날의 중요한 사건이나 배운 점을 짧게 요약하는 '요약 일기' 쓰기도 효과적인 방법입니다.

《초등 3학년, 요약 잘하는 아이가 앞서갑니다》와 함께 아이의 잠재력을 깨우고, 미래 사회의 주역으로 성장할 여정을 시작해보세요. 이 책이 여러분 가정에 새로운 배움과 소통의 기회를 제공하길 바랍니다.

# 차례

# 3 책 한 권도 다이어트가 되나요?

# 4 요약력으로 완성하는 자기주도 학습

# 1

## 초등 3학년,
## 왜 요약력인가?

# 열심히 공부하는데
# 왜 읽기 능력은 점점 떨어질까요?

## 우리 아이,
## 왜 책만 펴면 멍해질까요?

"아이가 책을 너무 빨리 읽는데 제대로 읽는 건지 모르겠어요."

"서술형 답안을 쓰라고 하면 문제집을 노려보기만 해요."

"생각을 말해보라고 하면 버퍼링에 걸린 것처럼 멍해져요."

"뭘 물으면 단답형으로만 답해서 걱정이에요."

학부모 상담 때 많이 듣는 대표적인 고민들입니다. 이런 문제들이 그저 아이의 성격 때문이라거나 일시적인 문제라고 생각할 수 있지만, 우리 아이들이 겪는 어려움 뒤에는 중요한 이유가 있습니다. 한편 살펴볼까요?

**"아이가 책을 너무 빨리 읽는데
제대로 읽는 건지 모르겠어요."**

우선 책을 빠르게 읽는 게 반드시 나쁜 건 아니죠. 하지만 내용을 제대로 이해하지 못한 채 그저 글자만 훑어보는 것이라면 문제가 됩니다. 깊이 있게 사고하고 이해하지 못한 채 수동적으로만 정보를 받아들이는 습관이 반영된 현상 중 하나입니다. 숏폼 콘텐츠의 영향은 치명적입니다. 틱톡TikTok이나 유튜브 쇼츠Shorts와 같은 15초에서 1분 내외의 짧은 동영상, 인스타그램의 카드 뉴스, 눈길을 끄는 썸네일 등에 빠진 아이들의 집중 시간이 급격히 줄어들고 있습니다. 미국 마이크로소프트의 연구에 따르면, 2000년대 초반 평균 12초였던 인간의 집중력이 2015년에는 8초로 줄어들었다고 합니다. 이는 금붕어의 집중력인 9초보다도 짧은 수치입니다. 아이들이 30분 이상 책을 읽어도 무슨 내용인지 요약하지 못한다면 제대로 읽지 못한 거라고 할 수 있습니다.

**"서술형 답안을 쓰라고 하면
문제집을 노려보기만 해요."**

서술형 문제 앞에서 멈칫거리고 답안을 작성하지 못한다

는 건 자신의 생각을 체계적으로 정리하고 표현하는 데 어려움을 겪고 있다는 신호입니다. 이는 단순 암기나 객관식 문제에 익숙해진 학습 방식의 결과일 수 있습니다. 창의적으로 사고하고 표현할 기회가 부족해서 생긴 문제입니다. 미국의 교육학자 켄 로빈슨은 TED 강연에서 현대 교육이 창의성을 억누르고 있다고 지적했습니다.

"우리는 실수를 두려워하지 않는 어린이들을 교육해서 실수를 극도로 두려워하는 어른으로 만들고 있다"고 그는 말합니다. 맞는 이야기입니다. '정답 중심'의 교육은 제 생각을 정리해서 제 목소리로 말하거나 쓰는 걸 두려워하게 만듭니다. 실제로 성적이 높고 우수한 학생들 중에서도 소심하고 겁이 많은 아이들은 서술형의 빈칸을 보면 머리가 새하얘져서 선뜻 답을 작성하지 못하는 경우가 많습니다.

"생각을 말해보라고 하면
버퍼링에 걸린 것처럼 멍해져요."

생각을 말하라고 했을 때 멍해지는 건 수동적으로만 정보를 받아들여, 자신의 의견을 정리하고 표현할 기회가 부족했다는 걸 의미합니다. 이는 비판적 사고력과 의사소통 능력을 개발하지 못했기 때문입니다. 유튜브의 추천 알고리즘은 사용자의 관심사에 맞는 동영상을 계속해서 띄워주고, 동일한 주제나 형식의 콘텐츠를 반복적으로 주입합니다. 이런 정보를 수동적으로 받아들이는 것이 반복되면, 질문하거나 비판적으로 생각할 기회를 박탈당하게 되지요.

대구가톨릭대병원 이동훈 교수팀이 중·고등학생 20만 3,252명을 대상으로 실시한 건강행태조사 결과를 볼까요? 학생들은 주중에는 평균 4.7시간, 주말에는 7~8시간을 스마트폰을 이용하는 것으로 나타났습니다. 하루에도 상당한 시간을 일방적으로 정보를 받아들이는 것에 익숙한 친구들로서는 자기 생각을 조리 있게 표현하는 것이 쉬운 일이 아닙니다.

> "뭘 물으면 단답형으로만 답해서
> 걱정이에요."

질문을 하면 스무고개 하듯 단어만 드문드문 내뱉거나 '네', '아니오'의 단답형으로 대답하는 아이들이 늘고 있습니다. 다시 말해 하나의 완결된 문장으로 자신의 의견을 조리 있게 말하는 능력이 현저히 떨어지고 있습니다. 이는 풍부한 어휘력과 표현력을 기르지 못한 결과이기도 하지만 깊이 있는 대화나 토론 경험이 부족해서 나타난 문제이기도 합니다.

## 말하기와 읽기를
## 점점 더 어려워하는 아이들

　때로는 교육 과정의 경직성이 걸림돌이 되기도 합니다. 한국은 각 학년별로 정해진 진도와 수업 시수를 맞춰야 합니다. 예를 들어 중학교 국어 과목의 경우 3년간 442시간을 이수해야 하며, 이 시간 안에 문학, 문법, 작문, 화법 등 다양한 영역의 학습 목표에 따라 진도를 나가고 평가해야 합니다. 이러한 제약 속에서 깊이 있는 읽기나 토론을 충분히 진행하기 어렵습니다. 교사 중심의 일방향적 수업을 할 수밖에 없는 거죠. 이것은 일부 아이들의 문제가 아니라 대한민국의 학생들이라면 누구나 겪고 있는 어려움입니다. 다음 통계 자료를 보실까요?

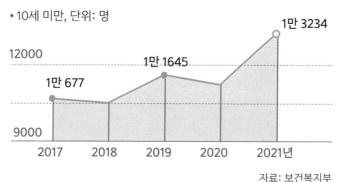

**언어 발달에 문제를 겪는 아동 수 추이**

* 10세 미만, 단위: 명

자료: 보건복지부

이 통계에서 우리가 주목해야 할 중요한 변화가 있습니다. 말하기와 언어 발달에 어려움을 겪는 아이들이 점점 늘어나고 있다는 사실입니다. 2021년 보건복지부 자료에 따르면, 말하기와 언어에 어려움을 겪는 10세 미만 아이들이 2017년에는 약 1만 명이었는데, 2021년에는 1만 3,000명이 넘은 것을 볼 수 있습니다. 특히 코로나19가 시작된 이후로 이 숫자가 더 빠르게 늘어났습니다.

선생님들의 의견도 주목할 만합니다. 2021년 한국교총에서 초·중·고 교사 1,152명을 대상으로 한 설문 조사를 보면 문해력 수준이 C 이하인 학생들이 무려 82.4%에 달합니다. 학령기에도 이런 문제가 계속 이어지고 있음을 알 수 있습니다. 학년이 올라갈수록 아이들의 문해력 문제는 심화된다는 것입니다.

**교사들이 점수로 매긴 요즘 학생들 문해력 수준**

*100점 만점

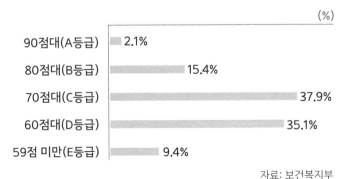

국제학업성취도, PISA라고 들어보셨나요? 경제협력개발기구OECD 국가에서 만 15세(우리나라 중3~고1) 학생들을 대상으로 3년 주기로 수학·읽기·과학의 학업 성취도를 평가하는 프로그램입니다. 2022년 기준 우리나라 학생들의 '읽기' 평균은 515점으로 2018년 직전 조사 때보다는 1점 상승했습니다. 하지만 2009년 539점을 맞은 이후 계속 하락 추세에 있습니다. 게다가 같은 기간 기초학력 미달 비율이 2009년 5.8%에서 2022년 14.7%로 세 배나 증가했습니다.

중학교 3학년의 경우 국어, 영어, 수학 모두에서 기초학력 미달 비율이 전년 대비 증가했습니다. 특히 수학의 경우 7.5%에서 11.8%로 큰 폭으로 상승했는데, 이는 문제를 이해하는 능력과 수학적 사고력이 동시에 저해된 결과라고 볼 수 있습니다. 이러한 상황은 '국포자'(국어를 포기한 학생)라는 신조어를 만들어냈습니다. 2023년 국가수준학업성취도 평가 결과, 10명 중 1명이 국포자라고 합니다.

## 똑똑하다는 아이들이
## 학교 수업에 뒤처지는 이유

'교육열' 하면 따라올 나라가 없을 정도인 한국인데, 왜 이런 결과가 나타날까요? 특히 경제적으로 여유가 있는 가정에서는 아이들의 교육에 상당한 투자를 합니다. 3~4살부터 영어 유치원을 보내고, 사립 초등학교에 진학시키며, 어학연수까지 보내 글로벌 경쟁력을 키웁니다. 영어 유치원에 보내지 않더라도 다양한 미디어로 영어 교육에 신경을 씁니다.

영어의 경우 '소리 내어 읽기', '리듬으로 말하기'가 말의 유창성에 도움을 주고, 읽기에 재미를 더해준다는 걸 알기 때문이죠. 하지만 우리말의 듣기와 말하기, 우리글의 읽기와 쓰기의 경우, 그 교육의 중요성을 간과하는 경향이 있습니다. 아무래도 우리말과 글은 자연스럽게 습득해서 저절로 유창해진다고 여기기 때문일 것입니다.

그래서일까요? 수업 시간에 '읽기'를 시켜보면, 단어를 건너뛰어 읽거나 심지어 줄을 따라 읽지 못하고, 아랫줄로 내려가 맥락을 뛰어넘어 읽는 학생들도 종종 보게 됩니다. 무엇보다 안타까운 건 의미 단위로 끊어 읽기를 못하는 아이들이 늘었다는 겁니다.

소리 내어 읽기는 단순히 끊어 읽는 게 아니기 때문이죠. 특히 막 한글을 뗀 아이들의 경우 소리 내어 읽기를 어려워합니다. 단순하게 단어 뒤에, 또는 어절 뒤에서 끊어 읽는 게 아니라 의미 단위로 끊어 읽어야 하기 때문입니다.

'의미 단위로 끊어 읽기'란 읽을 때 문법적 또는 논리적 의미를 고려해서 자연스럽게 끊어 읽는 방법을 말합니다. 즉 문장의 의미가 바르게 전달되도록 문법적 단위나 맥락에 따라 쉬었다가 읽는 것을 의미합니다. 이렇게 의미의 덩어리로 읽게 되면 글의 흐름에 따라 내용을 파악하게 됩니다. 아래의 예문을 보실까요?

| 잘못된 의미 단위로 끊어 읽기 | 올바른 의미 단위로 끊어 읽기 |
|---|---|
| 아버지 가방에 들어가신다. | 아버지가 방에 들어가신다. |
| 나 의자 부심 | 나의 자부심 |
| 우리 조상/ 은 제비를/ 복과 재/ 물을/ 가져다주는 새라고 여/ 겼습니다. | 우리 조상은/ 제비를/ 복과 재물을 가져다주는 새라고/ 여겼습니다. |

이처럼 의미 단위를 잘못 끊으면 전혀 다른 뜻이 됩니다. 의미 단위로 끊어 읽기는 의미를 파악하는 시작점이라고 할 수 있죠. 소리 내어 문장을 의미 단위로 끊어 읽으면 문장을 명확하게 이해할 수 있고, 단어 단위로 읽을 때보다 집중해서 읽게 돼 숨겨진 내용까지 추론할 수 있습니다.

또한 소리 내어 읽을 때는 시각에만 의지해서 읽을 때보다 다양한 감각을 활용하게 됩니다. 발음 기관의 조음에 신경을 쓰게 되고, 어디에서 끊어 읽을지, 어디를 강조하며 읽을지를 고민하게 되기 때문이죠. 따라서 의미 단위로 소리 내어 읽는 건, '읽기'의 가장 기초적인 단계이자 아이들이 배워야 할 읽기의 가장 중요한 첫 발걸음입니다.

의미 단위로 글을 소리 내어 읽으면 여러 이점이 있습니다. 우선, 유창하게 글을 읽을 수 있습니다. 이는 곧 말하기 능력의 향상으로 이어집니다. 예를 들어 "엄마는 집을 먼지 하나 없게 청소한다"라는 글을 소리 내어 읽을 때 "엄마는/ 집을/ 먼지 하나 없게/ 청소한다." 이런 식으로 의미 단위로 끊어 읽으면 문장 의미를 더 잘 이해할 수 있고 우리말 문장 구조를 이해하는 데 도움이 됩니다. 이 문장이 [주어+목적어+부사절로 안긴 절+서술어]로 이루어졌다는 걸 무의식적으로 익힐 수 있으니까요.

이러한 읽기 방식은 논설문이나 설명문을 이해하는 데도 도움이 됩니다. 예를 들어 "지구 온난화는/ 심각한 문제입니다. 이는/ 해수면 상승, 극단적 기후 현상 증가 등을/ 초래합니다./ 따라서 우리는/ 탄소 배출을 줄이는 노력을/ 해야 합니다"라는 문장을 의미 단위에 따라 소리 내어 읽으면, 각 문장의 관계성(문제제기-뒷받침 근거-결론)을 자연스럽게 파악할 수 있습니다.

이처럼 글의 구조와 논리를 이해하는 능력이 향상되니 논리적 사고력과 문제 해결 능력도 함께 발달합니다. 또한 단어를 잘못 읽거나 줄을 건너뛰는 등의 실수를 줄이고 독해를 정확하게 할 수 있게 됩니다. 소리 내어 의미 단위로 읽는다는 건 단순한 읽기 연습이 아닙니다. 언어 능력 전반을 향상시키고, 체계적인 사고력을 키우는 중요한 학습 방법입니다.

## 소리 내어 곱씹는 글이 머리에 남아요

하지만 요즘 아이들은 '눈으로 읽는 것'에 익숙합니다. 어린 나이부터 문제집을 풀면서 습관적으로 묵독을 하기 때문입니다. 언어는 의미를 담아 소리 내어 말하면서 말맛을 느껴야 온전히 자신의 것이 됩니다. "산토끼, 토끼야, 어디를 가느냐?"와 같은 동요를 부르며 언어를 익히는 것과, 문제집에서 [산토끼는 어디로 가고 있나요?]라는 문제를 푸는 건 전혀 다른 경험입니다.

또한 눈으로만 빠른 속도로 읽으면 내용을 제대로 이해하지 못하는 경우가 많습니다. 뇌가 눈의 속도를 따라가지 못해 정보를 제대로 처리하지 못하기 때문인데요, 이렇게 읽으면 전체적인 맥락을 파악하기 힘들 뿐 아니라 내용을 곱씹고 자신의 것으로 만들지 못하게 됩니다. 한 권의 긴 소설을 읽어도 결국 "행복하게 살았대요"라며 결말만 기억하게 되는 거죠.

예를 들어 소설책 속 주인공이 어떤 아픔이나 결핍이 있었고 이를 어떻게 극복했는지, 또는 어떤 도전을 하고 그 과정에서 어떻게 성장했는지, 그 속에서 무엇을 배울 수 있는지를 찬찬히 되새기며 읽지 못하고 결국 깊이 있는 독서로 나아갈 수 없게 됩니다.

이처럼 빠르게 대충 읽는 습관은 아이들의 전반적인 언어 능력 발달을 저해하고, 생각하고 되새기는 힘도 키우지 못하게 만듭니다. 실제 초등학교 교사를 대상으로 한 설문조사를 보면, 6학년까지도 소리 내어 읽기는 중요하다고 합니다. 다음 페이지의 표를 보면 자세한 내용을 알 수 있습니다. 청람어문교육의 〈소리 내어 읽기 교수, 학습 방법 연구〉에 따르면, 초등 교사의 63.1%가 6학년 때까지 소리 내어 읽기가 중요하다고 인식하고 있습니다.

하지만 학교 교육 현장에서는 물리적으로 이를 가르칠 시간이 부족하므로, 가정에서도 꾸준히 소리 내어 읽기를 지도하면 좋겠습니다.

## 학생의 소리 내어 읽기에 대한 교사의 인식

| 설문 문항 | 보기 | 명(%) |
|---|---|---|
| 효과가 높은 학년 | 6학년까지 | 65 (63.1%) |
| | 4학년까지 | 15 (14.6%) |
| | 3학년까지 | 13 (12.6%) |
| | 2학년까지 | 6 (5.8%) |
| | 5학년까지 | 4 (3.9%) |
| | 1학년까지 | 0 (0.0%) |
| 적합한 텍스트 종류 (중복 응답) | 동화 또는 소설 | 85 (83.3%) |
| | 시 | 80 (78.4%) |
| | 생활글 또는 수필 | 66 (64.7%) |
| | 사회·역사 | 14 (13.7%) |
| | 과학·기술 | 11 (10.8%) |
| | 철학·종교 | 4 (3.9%) |
| | 예술 | 2 (2.0%) |
| 지도 중점 사항 | 내용을 이해하며 읽기 | 72 (70.6%) |
| | 띄어 읽기(의미 단위) | 46 (45.1%) |
| | 실감나게 읽기 | 43 (42.2%) |
| | 정확한 발음으로 읽기 | 30 (29.4%) |
| | 유창하게 읽기 | 16 (15.7%) |
| | 특별히 신경 쓰지 않음 | 3 (2.9%) |

자료: 〈소리 내어 읽기 교수, 학습 방법 연구〉, 청람어문교육

## 수동적 독해가 아닌
## 주도적 독해를

　또 한 가지 생각해볼 것은 '읽기의 질'입니다. 많은 아이들이 어릴 때부터 다양한 독해 문제집을 풀고 논술 수업과 국어 학원을 다니는데, 왜 독해력과 문해력은 점차 떨어지는 걸까요? 문제는 '수동적인 독해'와 '주도적인 독해'의 차이점에 있습니다. 물론 문제집을 풀면서 어휘력을 키우고, 글의 구조를 파악하고, 비판하며 생각하기를 배울 수 있습니다. 하지만 이는 주도적인 독해가 아닌 수동적인 독해라는 데 한계가 있습니다. 출제자가 제시한 제시문과 문제 발문, 그리고 제시된 오지선다를 수동적으로 읽고, 정답을 선택하며 그 외의 접근법을 고민하지 않게 되죠. 또한 제시문에 나와 있는 개념어나 정제된 표현을 수동적으로 받아들이게 됩니다.

　스스로 핵심어와 주제, 중심 문장을 찾고, 어휘를 선택해 정리하는 경험은 여기서 생략됩니다. 문제를 빠르게 풀고 답을 맞추는 것에만 초점을 맞추므로 천천히 곱씹어서 생각하지 않습니다. 그러니 문제 푸는 속도는 늘지 몰라도, 낯선 소재의 제시문이나 문제 유형을 접하면 당황할 수밖에 없습니다.

# 2025년 교육 대변혁,
# 우리 아이 공부는 어떤가요?

## 변화하는 교육 과정에 따라
## 달라져야 하는 공부의 방향

AI 시대가 열리면서 전 세계 교육이 바뀌고 있습니다. 환경 위기와 예측할 수 없는 감염병, 인구절벽 등 인류가 당면한 문제를 미래 기술로 해결할 수 있도록 교육의 패러다임도 변하는 중입니다.

우리나라 역시 2022년 교육 과정을 개편했습니다. 대표적인 변화 중 하나가 2025년 고교학점제 전면 시행과, 서·논술형 문제 비중을 확대하는 것입니다. 고등학교 내신 등급제도 바뀌는데요, 9등급제의 상대평가에서 5등급제인 절대평가로 변경

됩니다. 이는 성적에 따라 학생들의 순위를 매기지 않겠다는 성취평가제의 취지를 살리기 위한 정책입니다. 2024년 서울 일반고 고입 전형에서 사상 최초로 지원자 모두가 합격할 정도로 학령기 인구가 감소함에 따라 상대평가의 필요성이 줄어들었기 때문이죠. 게다가 교과 점수 산출 주체도 담임교사가 아닌 교육감으로 바뀝니다.

무엇보다 주목할 만한 발표는 의과대학 정원을 확대한다는 내용입니다. 의학 계열 진학을 희망하는 학생들에게 새로운 기회가 될 수 있지만, 학생들의 학습 부담을 줄이자는 교육부의 입시 정책과 반대되는 결과를 불러왔습니다.

대표적인 사교육 중심지인 대치동과 목동의 인지도 있는 학원들은 '의대입시 특별관'을 만들었고, 아이들은 그곳에 들어가려고 과외까지 받는 중입니다. 특히 수학과 과학 과목 위주로 문제 풀이식 반복 학습을 하며 선행 학습에 열을 올리고 있습니다. 학부모들과 아이들은 중·고등 과정 중 선행 진도를 얼마나 나가고 있는지, 어떤 문제집을 풀고 있는지, 몇 번 반복해야 하는지에 집중합니다. 그 과정에서 아이들의 읽기·말하기 교육은 뒷전으로 밀려나고 있습니다. 읽기, 말하기에 집중하기에는 당장의 시험 점수가 더 중요해 보이니까요.

히지만 이런 학습 방식이 우리 아이들에게 어떤 영향을 미칠까요? 동아일보가 한국교육과정평가원 자료를 바탕으로 만든 아래의 그래프를 보겠습니다.

　국, 영, 수 과목의 만점자 수를 보면, 국어 만점자는 매년 수학과 영어 대비 비교도 안 될 정도로 적습니다. 어릴 때부터 제대로 된 독서 경험을 하지 못한 아이들은 고등학생이 되었을 때 정해진 시간 내에, 길고도 복합적인 내용의 지문을 압축하여 파악하고 핵심에 도달하기가 어렵습니다. 오랜 시간에 걸쳐 국어 능력을 체계적으로 향상시키는 것이 아니라, 단기간에 문제 풀이를 통해 점수를 높이려 하다 보니 수능에서 만점자가 상대적으로 적을 수밖에 없는 것이죠.

## 영역별 수능 만점자 수 추이

\* 단위: 명

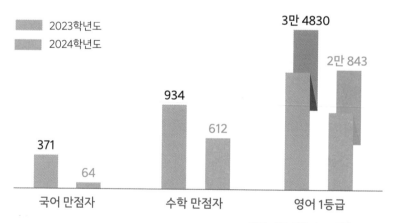

- 2023학년도
- 2024학년도

| 국어 만점자 | 371 | 64 |
| 수학 만점자 | 934 | 612 |
| 영어 1등급 | 3만 4830 | 2만 843 |

자료: 《동아일보》, 2023. 12. 08

# 초등학생 때부터 대입까지, 차근차근 축적되는 읽기 역량

　수시는 어떤지 한번 볼까요? 수시에서 서류전형에 통과하면 면접을 보는 대학들이 많습니다. 구술면접으로 당락이 결정된다고 해도 과언이 아닌데요, 어떤 식으로 치러지는지 살펴보겠습니다.

　다음은 2024년 고대 의대 학업우수형 계열적합형 면접 기출 문제입니다. 면접 시간은 8분입니다. 다음 제시문을 읽고, 8분 동안 초·중·고 과정에서 쌓은 교과 내용을 종합해 논리적이고 창의적인 관점에서 발표해야 합니다. 한번 읽어보실까요?

1. 1964년 침팬지의 심장이 사람에게 처음으로 이식되었고 환자는 2시간 동안 생존하였다.

2. 위 연구를 근거로 1967년에는 사람에서 사람으로 심장이식이 성공적으로 진행되었고, 환자는 30여 년 이상 생존하였다. 그 이후 심장이식은 치료가 불가능한 말기 심부전 치료의 마지막 치료 방법으로 자리매김하였다.

3. 사람의 심장 이식은 공여자의 수가 제한적이라 이종 간의 이식의 필요성이 강조되어 왔다. 이종 이식의 문제를 해결하기 위한 노력이 지속되던 중 2022년 인간화된 돼지의 심장이 말기 심부전 환자에게 임상 연구를 통해 최초로 이식되었고 이식받은 환자는 30여 일간 생존하였다.

4. 이상의 성과를 달성하기 위해 수많은 동물실험이 진행되었다. 최근 동물보호 단체에서는 동물권을 존중하여 동물실험을 금지하고자 하는 운동을 전개하고 있다.

1. 제시문의 내용을 간단히 요약해보시오.
2. '제시문 1~3'의 내용으로부터 우리는 동물실험이 의학 발전에 크게 기여함을 알 수 있다. 그러나 '제시문 4'와 같이 동물실험을 제한하고자 하는 의견도 제시되고 있다. 이 두 가지 상반된 의견에 대한 학생의 의견을 제시하시오.
3. '제시문 3'을 위하여 돼지 심장에 사람 유전자를 삽입하였다. 이와 같은 이종 이식의 장·단점에 대해 설명하시오.

자료: 2024학년도 고려대 의과대학 계열적합전형(인적성 면접 I)

질문은 모두 세 가지이고, 제시문의 내용을 요약하는 것으로 면접을 시작합니다. 이 글의 쟁점이 무엇인지 파악하라는 거죠.

두 번째 질문은 '동물실험을 해야 하는가'의 찬·반 입장을 정해서 일관된 주장을 펼치되 자신의 배경지식을 바탕으로 입학사정관을 설득해야 합니다. 이 과정에서 주장을 개진할 뿐 아니라 논리적으로 반박도 해야 합니다.

마지막으로는 '이종 이식'에 대한 자신의 견해를 제시해야 합니다. 장기 이식에 관한 학생의 윤리적, 문화적, 사회적, 의학적, 제도적, 법적 관점을 평가하고 싶어 하는 의도가 느껴지는 문제입니다.

면접에서 제시한 내용은 초·중·고를 거치며 배운 것들입니다. 국어, 도덕, 사회, 정치·법 등 자신이 배운 교과목에서 얻은 정보들을 총망라해서 논리적으로 주장을 피력해야 합니다.

물론 수시 면접 시즌에 맞춰서 각 학원들이 4~8주 정도 준비를 하긴 합니다만, 학원이 광고하는 것처럼 학생들이 8주 동안 면접 준비를 해서 대학에 붙었다고 단언할 수는 없습니다. 문제 풀이, 주입식 교육에 익숙한 아이들이라면, 8주 동안 말하기를 연습한다고 해서 비판적 사고를 바탕으로 그동안 배운 교과 내용을 융합하고 자신만의 생각을 창의적인 관점에서 제시해야 하는 상황이 버거울 수밖에 없습니다. 말 한마디로 대학의 당락이 결정된다는 부담감까지 더해져 위축될 수밖에 없습니다. 게다가 입학사정관이 반박을 제기하는 순간 말문이 막히고 눈앞이 깜깜해지는 인생 최악의 트라우마가 생길 수도 있습니다.

## 서술·논술형 평가는 어떻게 이루어질까?

교육 과정의 평가방식은 4차 혁명에 맞춰 변하고 있습니다. 세상이 변했으니 세상을 이끌 인재상이 바뀌고, 그에 따라 평가 방식과 교육 방식도 바뀌고 있습니다. 우리의 학교 현장에서도 2022년 교육 과정 개정으로 서술형, 논술형 평가가 강화되고 있습니다.

서·논술형 평가란 제시된 문제의 조건에 맞춰 자신의 생각을 주어와 서술어를 갖춘 하나의 문장으로 답하는 것을 말합니다. 단편적인 지식 암기보다 학생의 창의성, 문제해결력 등을 함양하기 위한 평가죠. 서술형 평가 자료의 종류를 나눠보면 다음과 같이 정리됩니다.

| 문항유형 | 세분화된 유형 | | | |
|---|---|---|---|---|
| 서답형 | | 단답형 | | |
| | | 완성형 | | |
| | 서술형 | 반응의 허용 정도에 따른 분류 | 응답 제한형 | 분량 제한형 |
| | | | | 내용범위 제한형 |
| | | | | 서술양식 제한형 |
| | | | 응답 자유형 | |
| | | 자료 제시 여부에 따른 분류 | 단독 과제형 | |
| | | | 자료 제시형 | |
| | | 평가 내용에 따른 분류 | 일반쓰기 능력형 | |
| | | | 교과 관련 능력형 | |

자료: 〈서술형 평가 문항 예시 자료집〉, 전라북도 교육청, 2011

단답형은 주어진 문제에 대해서 간략하게 답을 하는 거라면, 완성형에 해당하는 서술형은 '주어와 서술어'의 문장으로 쓰는 걸 말합니다. 응답 제한형은 구체적인 문제를 주고, 학생이 저당한 정보를 적절한 방법으로 조직해 합당한 결론을 쓰게 하는 문제 형식입니다. 논술형과는 차이가 있는데요, 논술형은 포괄적이고 일반적인 주제에 대해 학생들이 제시문이나 배경 지식을 바탕으로 의견을 쓰는 것입니다.

응답 제한형 문항을 통해 측정할 수 있는 능력으로는 ① 인과 관계를 설명하는 능력 ② 원리의 적용을 기술하는 능력 ③ 적절한 논의를 제시하는 능력 ④ 조리 있게 가설을 설정하는 능력 ⑤ 타당한 결론을 도출하는 능력 ⑥ 필요한 가정을 진술하는 능력 ⑦ 자료의 제한점을 기술하는 능력 ⑧ 방법과 절차를 설명하는 능력 등을 들 수 있습니다.[*]

이러한 서술형의 예는 다음과 같습니다.

1) 분량 제한형의 경우 반응 수, 진술 요소, 답안의 길이(문장 수, 글자 수, 또는 행 수) 등과 같은 물리적 제한이 있는 평가 문항 유형을 말합니다.

> 예: 조선 후기에 양반의 수가 급증한 이유를 산업의 발전과 연관시켜 100자 이내로 설명하시오.

2) 내용범위 제한형은 응답할 내용 범위에 제한을 두는 평

---

[*] 〈서술형 평가 문항 예시 자료집〉, 전북교육청, 2011

가 문항 유형입니다.

> 예: 자유와 평등 간에 균형이 이루어지지 않을 때에 나타나
> 는 현상을 국가 경제적 및 정치적 측면에서 예를 들어 설명
> 하시오.

3) 서술양식 제한형은 서술 양식에 제한을 두는 평가 문항
유형입니다.

> 예: 북한 경제의 침체 원인을 논하시오.

이런 식으로 출제되는 서·논술형 문항의 평가 방식에 대해
객관성 기준을 마련하기 위해서 교육계에서도 여러 담론이 오
가고 있습니다. 대표적인 것이 루브릭입니다.[*] 루브릭은 학습자
의 학습 결과물이나 성취 정도를 평가하는 평가 척도로 '채점기
준표'라고도 부릅니다. 크게 총체적 루브릭holistic rubric과 분석

---

[*] 〈초등학교 5·6학년의 서술·논술 문항 및 루브릭 개발〉, 서울특별시교육청교육연구정보원, 2022

적 루브릭<sup>analytic rubric</sup>, 과제 일반적<sup>task-general rubric</sup> 루브릭과 과제 특수적<sup>task-specific rubric</sup> 루브릭으로 나눌 수 있습니다.[*] 서울시교육청에서는 2022년 두 차례에 걸쳐 국어, 영어, 수학, 사회, 과학 과목의 서·논술형 문제 출제 경향을 조사했습니다. 여기에 모두 실을 수는 없지만 과목별 출제 경향을 살펴볼까요? 먼저 국어 과목입니다.

| 과목별 대표적 서·논술 문항 | | | |
|---|---|---|---|
| 5학년 | 국어 | 말하기·듣기 | 서술형 | 친구들과 나누는 대화 장면 중에서 칭찬이나 조언이 필요한 상황을 찾아, 공감을 나타낼 수 있는 칭찬이나 조언을 두 가지 이상 넣어 대화문을 작성하고 공감을 나타내는 칭찬이나 조언을 하면 좋은 점을 쓰시오. |
| 5학년 | 국어 | 읽기 | 논술형 | 〈초등학생은 화장을 해도 된다〉를 읽고 글쓴이의 생각과 자신의 생각을 비교해, 초등학생의 화장에 대한 나의 생각을 쓰고 그렇게 생각한 까닭을 2가지 이상 쓰시오. |

국어 과목의 경우 말하기·듣기, 문법, 읽기, 쓰기 영역에서 다양한 서·논술형 문제 유형을 개발하여 적용하고 있습니다. 영역별로 조금 더 자세히 살펴보도록 하겠습니다.

---

[*] 송윤미, 〈Arter & McTighe〉, 2001, 2012 인용

**[6학년 국어 문법 영역]**

# 일상생활 속에서 속담을 활용하고, 속담의 좋은 점 알기

## 1. 성취 기준

관용 표현을 이해하고 적절하게 활용한다.

## 2. 평가 의도 및 유의점

• 여러 가지 상황에 어울리는 속담의 뜻을 다양하게 알고 속담을 적절하게 사용할 수 있는 상황을 찾음으로써 우리나라 관용 표현인 속담을 쓰면 좋은 점을 찾도록 한다.

[처음] 설명하고자 하는 주제에 대한 여는 말, 속담이란 무엇인가에 대한 설명 등

[가운데] 일상생활 속에서 속담을 사용하고, 속담의 좋은 점 서술하기.

1) 일상생활에서 속담이 쓰일 수 있는 상황과 그 상황에 적절한 속담의 예(2가지 이상)

2) 속담을 사용하면 좋은 점(2가지 이상)

[끝] 속담을 사용하는 까닭과 좋은 점에 대한 정리

## 3. 문항

문항 유형 ☑ 서술형 ☐ 논술형

* 자신의 일상생활에서 속담이 쓰일 수 있는 상황을 2가지 이상 찾아 적절하게 쓰일 수 있는 속담을 서술하고, 속담을 사용하면 좋은 점을 2가지 이상 설명하시오.

## 4. 채점 예시 답안

제목: 일상생활과 속담

[처음] '가는 말이 고와야 오는 말이 곱다'라는 말처럼 자신의 뜻을 표현하기 위하여 사람들 사이에서 오래 전해져 내려온 말을 속담이라고 한다. 이러한 속담을 사용하면 어떠한 점이 좋은지 알아보겠다.

[가운데] 첫째, 속담을 사용하면 자신의 의견을 효과적으로 전달할 수 있다. 자신의 생각을 설득력 있게 전달하려면 근거가 필요한데, 의견을 뒷받침하는 근거로 속담을 활용하면 매우 효과적이다. 예를 들어, 시험 공부를 해야 하는 친구에게 응원을 해주는 상황을 생각해보자. 이때 "천릿길도 한 걸음부터라고 하잖아. 지금부터 차근히 공부하면 좋은 결과가 있을 거야"라고 속담을 사용해 말한다면 듣는 이에게 나의 생각을 보다 효과적으로 전달할 수 있다. 둘째, 속담을 사용하면 듣는 사람에게 흥미를 줄 수 있다. 예를 들어, 선생님께

서 자유 시간을 주셨는데 여러 친구들이 무엇을 할지 서로 다른 주장을 하느라 자유시간이 다 간 상황을 생각해보자. 이때 "사공이 많으면 배가 산으로 간다더니, 시간이 다 가버렸네"라고 표현한다면 아쉬운 마음이 더욱 잘 드러나고 듣는 이에게도 재미를 준다.

[끝] 이처럼 속담은 적절히 활용될 때 듣는 이에게 재미를 주고 나의 의견을 효과적으로 전달할 수 있다.

## [채점 기준표]

### 1. 총체적 루브릭

| 성취 수준 | 기대 수행 정도 |
| --- | --- |
| 상 | 속담 활용의 좋은 점을 정확하게 설명하고 2개의 속담을 실생활에 적절하게 활용한 상황을 구체적으로 설명함. |
| 중 | 속담 활용의 좋은 점을 대략적으로 설명하고 속담을 실생활에 적절하게 활용한 상황을 설명함. |
| 하 | 속담에 대해 대략적으로 알고 속담을 활용하는 예를 설명하려 시도함. |

## 2. 분석적 루브릭

| 영역<br>[배점] | 하위<br>요소 | 성취<br>수준 | 급간<br>점수 | 수준별<br>점수 | 기대 수행 기술 |
|---|---|---|---|---|---|
| 과제<br>파악<br>(10) | 충실성 | 상 | 5 | 10 | 과제 상황을 명확히 파악하여 충실하게 해결에 임하고 적절한 제목을 기술함. |
| | | 중 | 5 | 5 | 과제 상황을 대체로 파악하여 과제의 해결에 임함. |
| | | 하 | 5 | 0 | 과제 상황 파악이 필요함. |
| 내용<br>[50]<br>25/25 | 명료성<br>과<br>적절성 | 상 | 10 | 25 | 속담의 활용과 속담의 좋은 점에 초점을 맞춰 내용을 명료하고 적절하게 제시함. |
| | | 중 | 10 | 15 | 속담의 활용과 속담의 좋은 점에 초점을 맞춰 내용을 제시함. |
| | | 하 | 10 | 5 | 속담의 활용과 속담의 좋은 점을 초점화 없이 내용을 제시함. |
| | 구체성 | 상 | 10 | 25 | 일상생활에서 속담을 활용한 예를 구체적인 세부 내용을 제시하여 설명함. |
| | | 중 | 10 | 15 | 일상생활에서 속담을 활용한 예를 세부 내용을 일부 제시하여 설명함. |
| | | 하 | 10 | 5 | 속담의 활용과 속담의 좋은 점에 대해 추상적으로만 설명함. |

| 구분 | 세부 항목 | 수준 | 배점 | 점수 | 내용 |
|---|---|---|---|---|---|
| 조직 [20] 10/10 | 통일성 [일관성] | 상 | 5 | 10 | 속담 활용의 좋은 점이나 일상생활에서 속담을 활용한 예를 중심으로 통일성 갖춘 글을 구성함. |
| | | 중 | 5 | 5 | 속담 활용의 좋은 점이나 일상생활에서 속담을 활용한 예를 중심으로 통일성을 갖추었으나 관련성 적은 글을 구성함. |
| | | 하 | 5 | 0 | 속담 활용의 좋은 점이나 일상생활에서 속담을 활용한 예와 관련성 없는 내용을 포함하는 글을 구성함. |
| | 체계성 | 상 | 5 | 10 | 속담의 활용과 속담의 좋은 점에 대한 소주제 중심으로 문장과 문단으로 자연스럽게 연결하여 글을 구성함. |
| | | 중 | 5 | 5 | 속담의 활용과 속담의 좋은 점에 대해 대체로 체계적이며 문장 및 문단 간 연결성 있게 글을 구성함. |
| | | 하 | 5 | 0 | 소주제와 연관성이 적은 문장과 문단으로 글을 구성함. |
| 표현 [20] 10/10 | 어휘 및 문장의 적절성 | 상 | 5 | 10 | 속담의 활용과 속담의 좋은 점에 대한 적확한 어휘를 선택하고 자연스러운 문장 구성함. |
| | | 중 | 5 | 5 | 어휘 선택과 문장 표현이 적절함. |
| | | 하 | 5 | 0 | 문장 호응이나 어휘 선택이 어색함. |
| | 어법의 정확성 | 상 | 5 | 10 | 모든 문장에 어법에 맞는 맞춤법과 띄어쓰기 사용함. |
| | | 중 | 5 | 5 | 대체로 어법에 맞는 맞춤법과 띄어쓰기 사용함. |
| | | 하 | 5 | 0 | 의사 전달에 오해를 유발하는 맞춤법과 띄어쓰기 사용함. |
| 합계 | | | 100 | | |

## 수학, 사회, 과학 과목 서술·논술 문항

국어 외 과목들의 서·논술형 문제 출제 경향에 대해서도 살펴보겠습니다.

| 과목별 대표적 서·논술 문항 | | | | |
|---|---|---|---|---|
| 5학년 | 수학 | 수와 연산 | 논술형 | 은희와 건이는 피자를 나누어 먹기로 했습니다. 은희는 전체 피자의 1/2 을 먹고, 건이는 전체 피자의 4/8를 먹기로 했습니다. 그런데 은희가 자기 피자가 더 적다며 공평하지 않다고 합니다. 분수의 크기를 비교하는 방법을 활용하여 은희의 주장에 대한 자신의 생각과 그 이유를 설명하시오. |
| 5학년 | 수학 | 측정 (1) | 서술형 | 젤리 회사에서 신제품 젤리를 담을 수 있는 종이 상자를 선정하는 공모전을 열었습니다. 다음의 심사 기준에 적합한 상자의 가로, 세로, 높이 길이에 대하여 타당한 근거를 들어 설명하시오. |

| 과목별 대표적 서·논술 문항 | | | | |
|---|---|---|---|---|
| 5학년 | 사회 | 일반 사회 | 논술형 | 학교 밖 인권 보장이 필요한 장애인, 다문화 가정, 어린이, 노인 중 하나의 분야를 골라 우리 주변의 인권이 침해된 사례를 들고 인권 보호를 위해 나와 사회가 어떤 일을 하면 좋을지 자신의 의견을 논술하시오. |

44

| | | | | 우리나라 민주주의가 발전해 온 역사에 대하여 아래의 단어 중 [사건]에서 한 가지 이상, [영향]에서 두 가지 이상의 단어를 활용하여 우리나라 민주주의의 발전 과정을 설명하시오. |
|---|---|---|---|---|
| 6학년 | 사회 | 역사 | 서술형 | [사건] -4.19 혁명 -5.18 민주화 운동 -6월 민주 항쟁 |
| | | | | [영향] -대통령 직선제 -지방 자치제 -캠페인 -시민 단체 -1인 시위 -선거 |

## 과목별 대표적 서·논술 문항

| | | | | 우리 주위에서 서로 다른 온도를 가진 두 물질이 접촉하는 예를 찾아 열이 어떻게 이동하는지 설명하고 시간이 지나면 두 물질의 온도가 같아지는 까닭을 설명하시오. |
|---|---|---|---|---|
| 5학년 | 과학 | 운동과 에너지 | 서술형 | |
| 6학년 | 과학 | 물질과 에너지 | 서술형 | 배달된 음식 그릇에 씌운 랩이 팽팽하게 부풀어 있는 현상, 잠수부가 내뿜는 물방울이 수면에 가까울수록 점점 커지는 현상을 볼 수 있다. 열과 압력에 의해 기체의 부피가 달라지는 현상을 2가지 이상 설명하고, 이러한 기체의 성질을 이용하여 일상생활에 적용한 예를 찾아 2가지 적으시오. |

이처럼 현재의 교육 과정은 기존의 선다형, 단답형 위주의

평가 방식으로는 4차 혁명을 대비할 수 없다고 판단해, 지식을 암기하고 수동적으로 학습하는 데서 벗어나 학생들을 창의적이고 논리적으로 표현할 수 있는, 주체적인 문제해결형 인재로 키우는 방향을 모색 중에 있습니다.

## 읽고 쓰기가 한층 중요해지는 수행평가

시험 문제뿐 아니라 각종 수행평가에서도 말하고 쓰는 평가가 이뤄지고 있습니다. 다음은 교육 과정에서 실제로 아이들이 치렀던 수행평가 내용입니다.

| | |
|---|---|
| 국어 | - 요약하기<br>- 진로 책 읽고 관련 독후록 쓰기<br>- 윤동주의 〈서시〉 패러디 시 쓰기<br>- 다이아몬드 모양으로 품사의 뜻과 예 들기 |
| 사회 | -스마트 기기에 룸팰러너 설치하고 자기가 살고 싶은 집 꾸미고 프레젠테이션 하기 |
| 음악 | 신문 만들기 |
| 도덕 | -자기가 본받고 싶은 인물을 선정해서 이유 쓰고, 그런 사람이 되기 위해 어떤 노력을 해야 할지 쓰기<br>-사회적 약자가 겪는 문제와 해결 방법 글로 쓰고, 사회적 약자에 관한 신문 만들기<br>-세대 차이에 관한 글쓰기 |

이렇듯 여러 교과목에서 학습 목표에 맞춰 학생들이 자신의 생각을 논리적인 말과 글로 표현하는 수업이 진행되고 있어서 수행평가 부담이 이전보다 커지고 있습니다.

교육부의 2023년 자료에 따르면, 중학교의 경우 전체 평가 중 수행평가 반영 비율이 평균 40%를 넘어섰습니다. 수행평가는 크게 세 가지로 나눠볼 수 있는데요, '수업 참여형 수행평가', 즉 수업 태도, 질문 및 발표, 노트 정리 등을 평가하는 방식과 '시험형 수행평가', 즉 중간고사나 기말고사 전에 쪽지 시험을 보거나 국어나 도덕, 사회의 경우 논술 및 토의·토론으로 평가하는 방식이 있습니다. '과제형 수행평가'도 있었지만, 부모 찬스가 문제돼 현재는 가급적 지양하는 분위기입니다.

교과 과정이 변화되고 있기 때문에 평가 방식도 결과보다 과정 중심으로 바뀌면서 이전처럼 개념을 외우고 문제를 열심히 풀기만 해서는 기대하는 결과를 얻기 어렵습니다. 하지만 2023년 국가수준 학업성취도 평가 결과, 우리 학생들 중 수행평가를 회피하는 비율이 중3은 34.5%, 고2는 34%에 달하고 있습니다. 수행평가에 대한 두려움을 덜어주기 위해서라도 듣기, 말하기, 읽기, 쓰기에 더 관심을 갖고 체계적으로 교육할 필요가 있습니다. 아이들의 문해력, 사고력, 표현력을 향상시키고 미래를 살아갈 핵심 역량을 키워주기 위해서 가정, 학교, 교육기관이 함께 협력할 때입니다.

# 미래 사회를 이끌 아이들을 위한 필수 기술, 요약의 힘

## 인공지능이 아무리 발달해도
## 대신해줄 수 없는 일

요즘 수업하다 보면 글밥이 긴 책 읽기는 고사하고 두 시간짜리 영화도 집중해서 끝까지 보는 친구들이 많지 않습니다. 3~5분짜리 쇼츠나 SNS 속 짧은 영상, 한 회씩 끊어지는 웹툰을 선호합니다. 하지만 3~10분 내외의 짧은 썸네일에 익숙한 아이들일수록 중요한 정보를 추리거나 핵심 내용을 찾는 것을 어려워합니다. 이런 아이들에게 책 읽기란 고역에 가깝습니다. 단순히 글자를 읽는 것을 넘어 내용을 이해하고 기억하며, 나아가 그 내용을 정리해서 자신의 언어로 표현하는 걸 어려워합니다.

　'그게 뭐 어때서? 인공지능이나 머신러닝과 같은 기술도 있는데'라고 대수롭지 않게 여길 수도 있죠. 대량의 정보를 인공지능이 효과적으로 요약해주니 그런 번거로운 작업은 이들한테 시키면 될 일 아니냐고 반문할 수도 있습니다. 게다가 이런 기술들은 앞으로 더 발전할 것이고 요약의 정확도와 효율성도 높아질 테니까요.

　하지만 현재 사용하는 챗GPT<sup>ChatGPT</sup>와 같은 기술도 명령어를 입력해야만 효율적으로 사용할 수 있습니다. 필요한 정보가 무엇인지 스스로 파악하고 자신의 언어로 정리한 명령어를 입력해야 한다는 뜻입니다. 다시 말해 알고 싶은 핵심 내용을 간단한 구절이나 문장으로 요약해야만 인공지능에게 지시할 수 있다는 겁니다. 이런 능력이 없으면 원하는 정보를 도출하기 어렵습니다. 아무리 효율이 높은 인공지능이라도 무용지물이 될 게 뻔하죠.


　게다가 미래에는 텍스트뿐만 아니라 비디오, 오디오, 인터랙티브 미디어 등 다양한 콘텐츠를 사용하게 될 텐데요, 유튜브 알고리즘이 제공하는 지식이나 정보를 수동적으로 받아들이는 데만 익숙해서는 이런 변화를 절대로 따라갈 수 없습니다. 쏟아지는 정보 속에서 정보를 비판적으로 수용하고 추린 후 선별한 내용을 바탕으로 자신의 의도에 맞게 재구성하는 요약력은 필수적 역량이 될 것입니다.

그럼에도 '요약이라는 게 그냥 긴 내용을 짧게 줄이면 되는 거지 연습과 훈련까지 필요한가?'라고 물을 수도 있습니다. 하지만 요약은 단순히 정보를 압축하고 삭제하는 작업이 아닙니다. 무엇이 중요하고 중요하지 않은지 정보의 질을 판단하고 내용을 간추리는 것에서부터 시작하죠. 이는 중요한 사고의 일환으로 그에 맞는 비판적 사고와 배경지식, 어휘력 등을 필요로 합니다.

수많은 정보를 아무렇게나 삭제해버리면 처음에 정리하고자 했던 내용이 무엇인지도 모르게 될 확률이 높습니다. 요약이란 단순히 정보를 압축하는 게 아니라 정보의 본질을 파악해 중요한 부분에 초점을 맞춰 개념화된 언어로 표현하는 사고의 작업입니다.

짧은 쇼츠와 SNS 영상은 우리 뇌의 도파민만 활성화시키고, 아이들의 뇌를 수동적으로, 편향적으로 만들지요. 그래서일까요? 요즘 아이들 중에는 교과서도 어렵다는 학생들이 많습니다.

이를 방지하려면 맥락을 이해하는 훈련부터 해야 합니다. 긴 글을 읽거나 기승전결이 있는 긴 영상을 보고 요약하는 훈련을 하면 정보를 적극적으로 탐색하고 내용을 정리하는 과정에서 비판적으로 사고할 수 있게 됩니다. 무엇보다 자신만의 문제해결력을 바탕으로 창의적인 결과물을 내놓을 수 있습니다.

따라서 '요약하며 읽기'를 훈련해야 합니다. 이는 아이들 스스로 글의 주제와 구조를 이해하고, 중요한 정보를 선별해 심층적으로 이해한 후, 자신만의 언어로 재구성하는 복합적인 사고의 과정이기 때문이죠. 이러한 과정을 통해 아이들은 단순히 글자를 읽는 것을 넘어, 글의 내용을 깊이 이해하고 비판적으로 사고하는 능력을 기를 수 있습니다.

앞서 고려대학교 의과대학 면접 문제에서 살펴본 것처럼 고난도의 시험에서 요약 능력의 중요성은 특히 두드러집니다. 이런 시험에서는 주어진 정보를 빠르게 이해하고, 핵심을 추출하며, 이를 바탕으로 자신의 생각을 논리적으로 펼쳐나가야 합니다. 이는 단순히 암기력이나 지식의 양으로는 해결할 수 없는 복잡한 과정입니다.

요약력은 다양한 분야의 지식을 연결하고 통합하는 능력을 향상시킵니다. 위의 면접 문제를 해결하려면 의학, 생물학, 윤리학, 법학 등 여러 분야의 지식을 종합적으로 활용해야 하듯, 평소에 다양한 주제의 글을 읽고 요약하는 습관을 통해 통합적 사고력을 기를 수 있습니다.

더 늦기 전에 요약력의 중요성을 인식하고 우리 아이들에게 적극적으로 가르치면 좋겠습니다. 그래야만 지식 기반 인공지능 사회뿐만 아니라 지금, 여기의 교육 현장에서도 어렵지 않게 적응할 수 있을 테니까요.

자전거 타기나 수영을 배울 때 서툴러도 꾸준히 반복하면 실력이 향상되듯 요약도 꾸준히 반복하면 실력이 향상됩니다. 처음에는 답답해서 부모님이 대신해주고 싶으실 수도 있지만 기다려주세요. 아이들의 발전이 당장 눈에 보이지 않더라도 이런 지적 활동을 담당하는 시냅스는 순간순간 서서히 두꺼워지는 중이니까요.


## 초등 3학년, 요약력 키우기 딱 좋은 시기

초등학교 3학년은 아이들의 학습 여정에서 중요한 전환점입니다. 이 시기부터 학습 내용이 본격적으로 심화되고 다양해지기 때문에, 요약력의 중요성이 부각됩니다. 다음은 2022년 교육 과정 중 읽기 목표입니다.

| 범주 | | 내용 요소 | | | |
|---|---|---|---|---|---|
| | | 초등학교 | | | 중학교 |
| | | 1~2학년 | 3~4학년 | 5~6학년 | 1~3학년 |
| 지식·이해 | 읽기 맥락 | | • 상황 맥락 | • 상황 맥락<br>• 사회·문화적 맥락 | |
| | 글의 유형 | • 친숙한 화제의 글<br>• 설명 대상과 주제가 명시적인 글<br>• 생각이나 감정이 명시적으로 제시된 글 | • 친숙한 화제의 글<br>• 설명 대상과 주제가 명시적인 글<br>• 주장, 이유, 근거가 명시적인 글<br>• 생각이나 감정이 명시적으로 제시된 글 | • 일상적 화제나 사회·문화적 화제의 글<br>• 다양한 설명 방법을 활용하여 주제를 제시한 글<br>• 주장이 명시적이고 다양한 이유와 근거가 제시된 글<br>• 생각이나 감정이 함축적으로 제시된 글 | • 인문, 예술, 사회, 문화, 과학, 기술 등 다양한 분야의 글<br>• 다양한 설명 방법을 활용하여 주제를 제시한 글<br>• 다양한 논증 방법을 활용하여 주장을 제시한 글<br>• 생각과 감정이 함축적이고 복합적으로 제시된 글 |
| 과정·기능 | 읽기의 기초 | • 글자, 단어 읽기<br>• 문장, 짧은 글 소리 내어 읽기<br>• 알맞게 띄어 읽기 | • 유창하게 읽기 | | |
| | 내용 확인과 추론 | • 글의 중심 내용 확인하기<br>• 인물의 마음이나 생각 짐작하기 | • 중심 생각 파악하기<br>• 내용 요약하기<br>• 단어의 의미나 내용 예측하기 | • 글의 구조를 파악하기<br>• 글의 주장이나 주제 파악하기<br>• 글의 구조 고려하며 내용 요약하기<br>• 생략된 내용과 함축된 의미 추론하기 | • 설명 방법과 논증 방법 파악하기<br>• 글의 관점이나 주제 파악하기<br>• 읽기 목적과 글의 구조를 고려하며 내용 요약하기<br>• 드러나지 않은 의도나 관점 추론하기 |

| | | | | | |
|---|---|---|---|---|---|
| **과정·기능** | **평가와 창의** | • 인물과 자신의 마음이나 생각 비교하기 | • 사실과 의견 구별하기<br>• 글이나 자료의 출처 신뢰성 평가하기<br>• 필자와 자신의 의견 비교하기 | • 글이나 자료의 내용과 표현 평가하기<br>• 다양한 글이나 자료 읽기를 통해 문제 해결하기 | • 복합 양식의 글·자료의 내용과 표현 평가하기<br>• 설명 방법과 논증 방법의 타당성 평가하기<br>• 동일 화제에 대한 주제 통합적 읽기<br>• 진로나 관심 분야에 대한 자기 선택적 읽기 |
| | **점검과 조정** | • 읽기 과정과 전략에 대해 점검·조정하기 | | | |
| **가치·태도** | | • 읽기에 대한 흥미 | • 읽기 효능감 | • 긍정적 읽기 동기<br>• 읽기에 적극적 참여 | • 읽기에 대한 성찰<br>• 사회적 독서 문화 형성 |

위의 표에서 알 수 있듯 초3이 되면 본격적으로 읽기 교육이 시작됩니다. 1~2학년과 다르게 '주장하는 읽기와 말하기'를 배우면서 사실과 의견을 구별하고, 객관적이고 논리적으로 글을 읽고 말로 표현하기 시작합니다.

이를 위해서 가장 기본이 되는 '유창하게 읽기'를 시작하게 되죠. 유창하게 읽기란 앞뒤 맥락을 이해해서 의미 단위로 끊어 읽거나, 문학의 경우 등장인물의 감정을 이해하여 감정을 담아 읽는 걸 말합니다. 그리고 이를 바탕으로 중심 생각을 파악해 요약하는 훈련을 하게 됩니다. 실제 국어 교과서에는 '간

추려 말하기', '요약해서 한 줄 정리하기' 단원을 넣어 요약 훈련을 하고 있습니다.

그 외에도 사회나 과학 등의 교과목들에서는 전문적인 개념어들이 등장합니다. 예를 들어, 3학년 사회 교과에서는 우리 지역의 특징을 배우게 되는데, 이때 지역의 자연환경, 인문 환경, 산업 등 다양한 정보를 접하게 됩니다. 과학 과목에서는 동물의 한살이 등 이전보다 복잡한 개념들을 배우며 추상적인 개념을 이해하고 표현하는 훈련을 하죠. 발표 수업이나 모둠 활동도 늘어납니다. 매일 배운 내용을 간단히 요약하고, 이를 토대로 또 다른 분야에서 자료를 찾아 효과적으로 발표할 수 있어야 합니다.

3학년이 되면 1~2학년 때와 다르게 방대해진 교과목을 주도적으로 정리하고 공부할 수 있어야 합니다. 수업 시간에 진행되는 과제의 경우 선생님이나 부모님의 도움 없이 스스로 발표하거나 정리해야 하는 상황들이 발생하는데, 이때 요약력은 핵심적인 역할을 합니다.

3학년부터는 독서의 양과 질도 높아집니다. 단순한 동화책에서 벗어나 다양한 주제의 책을 읽게 되죠. 게다가 논술이나 독후감 쓰기, 주장하는 글쓰기 등 다양한 글쓰기 과제가 늘어납니다. 이때 요약력은 글의 구조를 잡고 핵심 내용을 효과적으로 전달하는 데 필수적인 역할을 합니다. 책을 읽고 독후감을 쓸 때, 요약력이 있는 아이는 책의 주요 내용을 간결하게 정리하고 자신의 생각을 덧붙여 글을 쓸 수 있습니다.

요약력은 학교생활에만 도움을 주는 건 아닙니다. 현대 사회는 정보의 홍수 속에 있습니다. 매일 쏟아지는 방대한 양의 데이터와 정보 속에서 핵심을 파악하고 이를 효과적으로 활용하는 능력이 중요해졌습니다. 게다가 미래 사회에서는 인공지능과 빅데이터 기술의 발전으로 정보의 양은 더욱 폭발적으로 증가할 것이며, 단순 반복적인 업무는 자동화될 것입니다. 이러한 환경에서 사람에게 요구되는 능력은 창의적 사고, 비판적 사고, 복잡한 문제해결 능력 등입니다. 요약력은 이러한 능력의 기초가 됩니다. 어떤 직업에서든 요약력을 가진 사람과 가지지 못한 사람의 업무 성취도는 달라질 것입니다.

따라서 요약력은 미래 사회에서 우리 아이들이 성공적으로 살아가기 위한 필수적인 능력입니다. 이는 단순한 학습 기술을 넘어 창의적으로 문제를 해결하고, 효과적으로 의사소통하고, 비판적으로 사고하는 데 바탕이 되는 핵심 역량이기도 합니다. 따라서 부모님들은 아이들이 요약력을 키울 수 있도록 지속적으로 관심을 갖고 지원해야 합니다. 이를 바탕으로 우리 아이들은 빠르게 변화하는 미래 사회에서 자신의 능력을 충분히 발휘할 수 있게 될 것입니다.

이 책에서는 요약력을 키우기 위한 기본적인 틀을 제시하고, 아이들이 요약력이라는 복잡한 능력을 단계적으로, 그리고 재미있게 익힐 수 있도록 안내할 것입니다. 초등학교 3학년부터 꾸준히 연습하면, 중학교에 진학할 때쯤에는 상당한 수준의 요약력을 갖출 수 있을 것입니다. 우리 아이들이 요약력을 발판 삼아 공부에 재미를 붙이고 앞서나갈 뿐만 아니라, 미래 사회에서 꼭 필요한 역량을 마음껏 펼치는 인재로 성장할 수 있도록 부모님들이 차근차근 도와주셨으면 합니다.

# 요약과 친해지기 연습

## 1. 시청각 자료 활용

**방법**: 책과 관련된 다큐멘터리나 영화를 보고, 책의 내용과 비교해보는 시간을 가집니다. 이 과정에서 책과 영상 자료의 차이점을 요약하고, 중요한 점을 정리합니다.

**예시**: 소설을 바탕으로 만든 영화와 원작을 모두 감상하고 '주인공의 성격이나 줄거리가 다르게 묘사된 부분은 무엇이니?', '소설의 한 장면을 영화에서는 어떻게 표현했을까?' 같은 질문에 답해봅니다.

## 2. 가족 독서 시간 가지기

**방법**: 가족 모두가 일정한 시간에 함께 모여 각자 책을 읽고, 읽은 내용을 서로 공유하는 시간을 가집니다.

**예시**: 주말 저녁 시간을 활용해 30분 동안 함께 책을 읽고, 15분 동안 각자 읽은 내용을 요약해서 이야기해봅니다. 부모님이 먼저 요약 예시를 보여주면 아이들이 더 쉽게 따라 할 수 있습니다.

## 3. 질문과 답변 연습

**방법**: 아이들이 책을 읽으면서 떠오르는 질문을 적고, 스스로 답을 찾아보게 합니다. 부모님이 질문을 던져 아이가 답하도록 유도할 수도 있습니다.

**예시**: '주인공은 왜 그런 행동을 했을까?', '이 인물은 지금 상황을 어떻게 느끼고 있을까?'와 같은 질문을 하고 아이가 책을 통해서 답을 찾도록 해주세요. 아이가 찾은 답이 적절한지 함께 살펴봅니다.

## 4. 토론 시간 가지기

**방법**: 가족끼리 책의 내용을 주제로 토론합니다. 아이들이 자신의 생각을 논리적으로 정리하고 발표하도록 합니다.

**예시**: 책을 읽은 후 '이 이야기의 주제는 무엇인가?' 또는 '주인공의 선택이 옳았는가?'와 같은 주제로 토론합니다. 아이가 자신의 의견을 요약해 말하도록 지도합니다.

## 5. 책 요약 일기 쓰기

**방법**: 아이들이 읽은 책의 내용을 요약해 일기로 작성합니다. 이 일기는 부모님과 함께 검토하여 중요한 부분을 다시 확인합니다.

예시: 하루에 한 챕터씩 읽고, 그날 읽은 내용을 두세 문장으로 요약해 일기장에 적습니다. 부모님은 아이와 함께 일기를 읽고, 내용이 잘 요약되었는지 피드백을 줍니다.

이러한 요약 연습은 아이들이 일상에서 쉽게 실천할 수 있으며, 부모님이 함께 참여함으로써 독서의 즐거움을 더할 수 있습니다. 이를 통해 아이들은 지식을 연결하고 확장하는 능력을 자연스럽게 키워갈 수 있습니다.

# 2

요약력으로
최상위권 유지하는
우리 아이 공부 비법

# 공부 혁명,
# 읽는 방법부터 다르게!

　요약력을 익히기 전, 우리 아이들이 먼저 익혀야 할 능력이 있습니다. 무엇일까요?

　바로 '읽기' 능력입니다. 읽기 능력이라니, 대체 어떻게 읽는 걸 말하는 걸까요?

　눈으로만 훑어보는 읽기 아니고, 필요한 정보만 골라내고 간단하게 정리하는 '읽기'. 지루하고 재미없는 '읽기' 아니고 게임처럼 흥미진진한 '읽기'. 아는 것과 모르는 것을 따지며 메타인지를 활용해 주도적으로 '읽기'를 해야 합니다. 이것이 바로 '요약을 위한 읽기'입니다.

## '요약을 위한 읽기', 왜 중요할까요?

우리가 피자를 먹을 때 한입에 욱여넣는 것이 아니라 먹기 좋게 잘라서 나눠 먹는 것처럼 '요약을 위한 읽기'는 복잡한 내용을 부분별로 나눠서 필요한 핵심 정보를 간단하게 정리하는 능력을 말합니다.

'요약을 위한 읽기'가 중요한 이유는 기억력을 향상시켜 줘 학습 효율이 좋아지기 때문입니다. 특히 학습이 시작되는 초등학교 3학년이 '요약을 위한 읽기'를 배울 적기입니다.

초등학교 3학년이 되면 고등학교 때까지 배울 통합 사회와 통합 과학의 기초 개념들을 본격적으로 접하기 시작합니다. 이때 개념 관련 용어를 정리하고 그 뜻을 정확하게 이해하면, 이를 바탕으로 자신만의 지식의 틀을 형성해 학년이 올라갈수록 좋은 성적을 낼 수 있습니다.

모둠 활동에서는 친구들과 의견을 효율적으로 조율해 수행평가에서 좋은 성적을 받을 수 있습니다. 또한 보고서를 쓸 때, 핵심을 짚어서 일목요연하게 정리할 수 있습니다. 프레젠테이션을 할 때는 조리 있게 말할 수 있습니다. 이처럼 '요약을 위한 읽기'를 하면 학업 성취도가 올라가 사연스럽게 자신감이 생깁니다.

무엇보다 '요약을 위한 읽기'는 비판적 사고력과 창의적 능력을 키워줍니다. 요약하려면 요리사가 신선한 재료를 골라내듯 글 속에서 핵심어와 핵심 문장을 쏙쏙 찾아내 중심 내용과 그렇지 않은 내용을 구분해야 합니다. 그 과정에서 중심 내용과 뒷받침하는 내용이 어떤 관계로 연결되어 있는지 파악하고, 글 속에서 제시된 정보가 타당한지 고민합니다. 이때 자신의 배경지식을 활용하고, 다른 과목과의 연관성을 발견해 창의력을 발휘할 수 있습니다. 이럴 때 아이들은 낯선 서·논술형 문제를 만나도 당황하지 않고, 조건에 맞춰 완성도 있는 답을 쓸 수 있는 힘을 갖추게 됩니다.

또한 '요약을 위한 읽기'는 메타인지를 활성화시키고, 자기 주도 학습 능력을 키워줍니다. 스스로 중요한 내용을 찾고 정리하는 과정을 거치기에 자신만의 학습 방법을 개발하고 공부하는 힘을 기르기 때문입니다.

그뿐 아니라 시간 관리 능력도 생깁니다. 학습할 내용이 많을 때, 각 부분의 핵심을 빠르게 파악하고 중요한 일과 그렇지 않은 일의 우선순위를 정해 처리할 수 있습니다. 그 결과 시간을 효율적으로 관리하는 방법도 체득하게 됩니다.

이처럼 '요약을 위한 읽기'는 아이들이 배워야 하는 기본적인 능력으로, 평생 학습할 수 있는 능력을 키워줍니다. 세상은 계속 변하고 배워야 할 지식은 계속 쏟아져 나옵니다. '요약을 위한 읽기'로 핵심을 찾는 훈련을 한다는 것은 기술이나 트렌드를 빠르게 이해하고 적용할 수 있는 21세기형 인재의 발판을 다지는 일이기도 합니다.

자, 이제 우리 아이들에게 '요약을 위한 읽기'를 어떻게 알려줄 것인지 궁금해지셨나요? 그 실제적인 방법을 지금부터 차근차근 익혀보도록 하겠습니다.

# 객관적 읽기로
# 우리 아이 분석력을 키워주세요

## 글쓴이가 정말로 하려는 말에
## 귀 기울이는 능력

'요약을 위한 읽기'를 잘하기 위해서는 기본적인 태도를 갖추는 것이 중요합니다. 가장 중요한 태도는 '있는 그대로 읽기'입니다. 다시 말해, 객관적으로 읽는 것으로, 글쓴이의 생각을 정확하게 이해하는 것을 의미합니다.

요약은 원래 내용을 줄이는 것이므로, 먼저 원래의 내용을 정확히 파악해야 합니다. 글이라면 글쓴이가 전하고자 하는 메시지가 무엇인지, 말이라면 말하는 사람이 무엇을 전달하려 하는지 정확히 이해해야 합니다. 이 과정에서 자신의 개인적인 생각이나 감정, 추측을 배제하는 것이 중요합니다.

따라서 '요약을 위한 읽기'를 할 때 가장 먼저 해야 할 일은, 글쓴이나 말하는 사람이 전달하고자 하는 핵심 내용이 무엇인지 파악하는 것입니다. 이것이 바로 객관적 읽기의 시작입니다. 특히 글을 읽을 때, '누구/무엇'에 관한 글인지를 제대로 찾아야 정확한 요약을 할 수 있습니다. 글 속 글쓴이의 의도를 정확히 파악하고 글의 본질을 이해할 때, 표면적으로 보이는 것 이면에 숨겨진 의미를 찾아낼 수 있습니다.

'나무의 구조'에 관한 글을 예로 들어 생각해봅시다. 나무는 뿌리, 줄기, 잎 세 부분으로 이루어져 있으니, 각 부분의 기능과 특징을 설명하는 글이 되겠지요.

뿌리의 역할과 기능

나무의 구조

줄기의 역할과 기능

잎의 역할과 기능

그렇다면 다음 문단을 한번 읽어볼까요? '누구'에 관한 이야기일까요?

나무는 뿌리를 통해서 물과 영양분을 흡수해요. 뿌리가 빨아들인 물과 영양분 덕분에 나무는 쑥쑥 자라지요. 뿌리는 또한 커다란 나무가 쓰러지지 않도록 지지하는 역할을 하고, 나무가 살아가는 데 꼭 필요한 호흡을 담당하기도 합니다.

실제로 아이들에게 물어보면 많은 학생들이 '나무'를 주인공으로 택합니다. 왜냐하면 보통 첫 문장이 전체 내용을 대표한다고 배웠고, 첫 문장의 주인은 '나무'이니까요.

하지만 전체 맥락을 고려했을 때 이 문단의 주인공은 '나무'가 아니라 '뿌리'입니다. 전체 글은 나무에 대한 것이지만, 이 문단은 특별히 뿌리의 기능을 설명하고 있기 때문이죠.

물론 이 문단에서도 첫 문장에서 '주어'는 '나무'로 시작했지만, 목적어는 '뿌리'를 사용해 뒤 문단과 자연스럽게 연결 짓고 있습니다. 만약 '나무'가 이 문단의 주인(제재, 중심 소재)이라면 굳이 '뿌리'를 주어로 마무리 문장을 쓰지는 않았을 겁니다.

이렇듯 객관적으로 읽으려면 앞, 뒤를 따져서 읽어야 합니다. 이렇게 앞뒤를 따져서 읽는 방법은 학습의 기초가 됩니다. 특히 교과서나 참고서를 올바르게 이해하기 위해서는 객관적 읽기가 필수적이지요. 예를 들어, 역사 수업에서 특정 사건에 대해 배울 때, 단순히 사실을 암기하는 게 아니라 그 사건의 배경과 영향을 이해해야 합니다.

　　특히 시험을 볼 때 객관적으로 제시문을 읽고 분석해야 오답을 고르지 않습니다. 전체 맥락을 보지 못하고, 글쓴이의 의도를 정확하게 파악하지 못한 채 자신이 아는 내용을 바탕으로 미루어 짐작하여 읽는 경우가 있는데요, 이런 문제는 '있는 그대로' 객관적으로 읽는 태도를 갖추지 못했기 때문에 발생합니다.

　　객관적으로 읽는 능력은 비판적 사고력의 기반이 됩니다. 미디어 리터러시(미디어를 비판적으로 이해하고 활용하는 능력)가 중요해지는 현대 사회에서, 다양한 정보를 객관적으로 평가하고 판단할 수 있는 능력은 필수적입니다. 인터넷에서 접하는 뉴스나 정보를 무비판적으로 받아들이지 않고, 그 내용의 진실성과 타당성, 공정성 등을 판단할 수 있어야 합니다.

## 객관적 읽기 능력을
## 어떻게 향상시킬 수 있을까요?

먼저, 열린 마음으로 글을 읽어야 합니다. 자신이 알고 있던 기존의 생각을 잠시 접고 글쓴이의 의견을 있는 그대로 들여다보는 것입니다.

다음으로, 글을 읽으면서 끊임없이 질문을 던지는 습관을 들이는 것이 중요합니다.

"이 글은 '누구/무엇'에 관한 글이지?"

"글쓴이는 이 문제에 대해서 왜 이런 표현을 썼을까?"

"중요해 보이는 이 단어가 뒤의 문장에서 어떻게 연결되고 있지?"

"주장과 근거가 어떻게 연결되지?"

"이 글에서 글쓴이의 의견은 무엇이지?"

이와 같은 질문은 글을 객관적으로 이해하는 데 도움을 줍니다. 또한 스스로 질문을 해봄으로써 단순히 정보를 받아들이는 것을 넘어, 글의 내용을 능동적으로 탐구하게 됩니다.

다음으로, 객관적으로 읽으려면 모르는 단어나 개념을 그냥 지나치지 말아야 합니다. 아이들의 경우 눈으로 읽는 것에 익숙해 모르는 단어가 나와도 그냥 지나치는 경우가 많습니다. 하지만 그렇게 되면 글을 제대로 이해할 수 없습니다. 생소한 단어와 개념을 제대로 이해해야 전체 맥락을 정확히 파악할 수 있습니다.

예를 들어, 사회 수업에서 '민주주의'를 배울 때 '투표', '선거', '대의제' 등의 개념을 정확하게 이해하지 못한다면, 글의 전체적인 내용을 파악하기 어렵겠죠. 이럴 때는 사전을 찾아보고 예문을 읽으면서 정확한 뜻과 활용 방법을 익히는 게 좋습니다.

마지막으로 글쓴이의 관점을 수용하는 것도 객관적 읽기의 핵심 요소입니다. 이는 자신의 생각과 다르더라도 일단은 글쓴이의 관점에서 생각해보는 것을 의미합니다. 글쓴이의 의견이나 주장대로 했을 때 장점은 무엇인지, 왜 필요한지를 이해해보려 노력하면 더 균형 잡힌 시각을 가질 수 있습니다.

요약은 미루어 짐작하는 게 아닙니다. 글이나 말 속의 지표를 바탕으로, 글쓴이가 말하고자 하는 바를 객관적으로 정확히 찾아내는 작업으로서 마음보다는 머리로 하는 일입니다.

자녀에게 요약하며 읽기를 가르칠 때는 주의해야 할 섬이 있습니다. '아마 이런 뜻일 거야'라고 막연하게 생각하지 않도록 지도해주세요. 자신의 생각이 너무 많이 개입되면 정확한 요약을 할 수 없기 때문입니다. 대신에 글쓴이나 말하는 사람이 무엇을 전달하고 싶은지를 있는 그대로 파악하도록 가르쳐주세요. 이렇게 객관적으로 듣고 읽는 자세는 요약 능력을 기르는 데 가장 중요한 기초가 됩니다.

# 객관적 읽기 연습

**1. 주인공 찾기_** 다음 문단을 읽고 주인공(주요 주제)을 찾아봅시다.

> 고양이는 털이 복슬복슬해요. 귀는 뾰족하고 눈은 동그래요.
> 고양이는 생선을 좋아해요.

주인공: (          )

**2. 사실과 생각 구분하기_** 다음 문장이 사실인지 생각인지 구분해보세요.

1) 바나나는 노란색이에요. ( 사실 / 생각 )
2) 바나나는 맛있어요. ( 사실 / 생각 )

**3. 중요한 말 찾기_** 다음 문장에서 가장 중요한 단어에 동그라미를 쳐봅시다.

> 사과는 빨간색이고 단맛이 나요. 비타민C가 많아서 건강에
> 좋아요.

## 4. 글쓴이의 마음 이해하기_ 다음 글을 읽고 글쓴이의 마음을 추측해보세요.

매일 아침 일찍 일어나 운동을 해요. 힘들지만 건강해지는 것 같아 기분이 좋아요.

**글쓴이의 마음:** ...........................................................................
...........................................................................

## 5. 요약하기_ 다음 이야기를 세 문장으로 요약해봅시다.

토끼가 숲속에 살았어요. 어느 날 당근을 찾아 산책을 나갔어요. 길을 가다 커다란 당근을 발견했어요. 토끼는 신이 나서 당근을 집으로 가져갔어요. 집에 도착해서 맛있게 당근을 먹었어요.

**요약:**

1. ...........................................................................

2. ...........................................................................

3. ...........................................................................

6. 질문 만들기_ 다음 글을 읽고 궁금한 점을 질문으로 만들어
봅시다.


코끼리는 큰 귀를 가지고 있어요. 이 큰 귀는 더울 때 체온을
조절하는 데 도움을 줘요.


**질문:**

# 의도를 파악하며 읽기로
# 추론 능력을 키워주세요

　글을 읽을 때 글쓴이의 의도를 파악하면서 읽는다는 건 어떻게 하는 걸까요? 글에서 주제를 찾으라는 말은 흔히 하지만, 의도를 파악한다는 건 좀 생소할 수도 있습니다.

　글쓴이의 의도를 파악한다는 것은 글의 표면적인 내용 너머를 들여다보는 것입니다. 즉, 글에서 다루는 주제나 대상에 대한 글쓴이의 태도, 입장, 관점을 이해하고, 이 글을 왜 썼는지 그 목적을 찾아내는 것입니다.

　일상생활에서도 말하는 사람의 의도가 겉으로 드러나지 않는 경우가 있지요. 초대를 받아서 갔는데 집주인이 "차린 건 없지만 많이 드세요"라고 말하는 것을 들어보았을 겁니다. 이는 실제로 차린 게 없다는 뜻이 아니라 "정성껏 준비했으니 맛

있게 드세요"라는 의미를 담은 겸손한 표현입니다. 이럴 때 우리는 "네? 도대체 무슨 말을 하시는 거예요? 이렇게 많이 차려 놓으셨는데요"라고 반문하지 않습니다. 그 의도를 짐작하고서 즐겁게 식사를 하지요.

 **설명문 의도 파악하며 읽기**

글을 읽을 때도 마찬가지입니다. 글쓴이의 의도를 파악하는 것은 작가와 대화를 나누는 것과 같으며, 글을 더 정확하게 이해하는 일입니다.

예를 들어, 설명문을 읽을 때는 글쓴이가 독자의 이해를 돕기 위해 쓴 글이라는 점을 기억해야 합니다. 여기서 한 걸음 더 나아가, 글쓴이가 설명하는 대상에 대해 어떤 태도를 가지고 있는지, 즉 긍정적인지, 부정적인지, 중립적인지를 파악하면 글의 의도를 더 잘 이해할 수 있습니다. 우리 아이들이 이러한 방식으로 글을 읽는 습관을 기르면, 글을 더 깊이 있게 이해하고 비판적 사고력을 키울 수 있을 것입니다.

초등학교 사회 교과서에서 우리나라의 국제 관계에 대해 설명한 부분을 읽어볼까요?

세계 여러 나라는 나라마다 자연환경과 생산 기술, 문화 등이 다르기 때문에 서로에게 필요한 물건이나 서비스를 주고받으며 살아간다. 특히 교통·통신 기술의 발달로 물자 이동이 편리해지고 교류가 늘면서 더욱 긴밀한 관계를 맺고 있다. <u>우리나라도 세계 여러 나라와 활발하게 교류하며 밀접한 관계를 맺고 있다.</u>

-초6-2, 사회 교과서, 미래엔

위의 글에서는 세계의 여러 나라들이 어떻게 교류하며 살아가는지를 설명하고 있습니다. 이 글에서는 우리나라의 외교적 관계를 긍정적으로 보고 있나요, 아니면 부정적으로 보고 있나요? 밑줄 친 부분을 보면 "우리나라도 세계 여러 나라와 활발하게 교류하며"라고 설명하고 있네요. 우리나라가 다른 나라와 적극적으로 교류하는 것을 지지하며, 앞으로 더 성장해 나가기를 기대하는 글쓴이의 의도를 미루어 짐작할 수 있습니다.

이 글은 아이들에게 긍정적인 국가관을 심어주어야 하므로 긍정적이고 진취적인 관점에서 우리나라의 상황을 설명하는 것이라고 볼 수 있습니다.

## 논설문 의도 파악하며 읽기

논설문은 어떨까요? 논설문은 독자를 설득하려는 목적을 가진 글입니다. 글쓴이는 자신의 주장에 독자가 동의하도록 객관적인 자료를 제시하고, 때로는 특정한 행동을 하도록 권유합니다.

예를 들어, 에너지 절약에 관한 글에서 "오늘 시작할 수 있는 작은 일부터 실천합시다. 사용하지 않는 전등은 꼭 끄고, 냉난방 온도를 1도만 조절해도 큰 변화를 만들 수 있습니다"라고 쓴다면, 이는 독자에게 일상적인 에너지 절약을 직접적으로 요청하는 것입니다.

하지만 모든 논설문이 이렇게 직접적인 요청을 하는 것은 아닙니다. 때로는 간접적으로 의도를 전달하기도 합니다. 예를 들어, 미래 직업에 대한 글에서 "진로를 정할 때 단순히 돈 되는 자격증이나 유망 직업에 연연하기보다 어떤 직업이 소멸되고 또 새롭게 나타나고 있는지 흐름을 정확히 파악하는 것이 중요합니다"라고 쓴다면, 이는 직업 선택 시 사회 변화를 고려해야 한다는 간접적인 조언을 하는 것입니다.

자녀들에게 논설문을 읽을 때는 다음과 같은 점을 고려하도록 가르쳐주세요.

1. 글쓴이가 누구를 대상으로 글을 쓰고 있는가?
2. 글쓴이가 독자에게 무엇을 요구하는가?
3. 글쓴이가 왜 이런 요구를 하는가?

이렇게 읽으면 글의 궁극적인 목적을 이해할 수 있고, 더 나아가 글쓴이가 독자와 어떤 관계를 맺고자 하는지도 파악할 수 있습니다. 이는 글의 의도를 더 깊이 있게 이해하는 데 도움이 될 것입니다.

특히 신문 기사나 광고 글을 읽을 때는 단순히 내용을 받아들이는 것이 아니라, 그 뒤에 숨은 의도를 이해하며 읽어야 합니다. 똑같은 사건을 다루더라도 신문사마다 저마다의 관점에 따라 다르게 해석할 수 있고, 때로는 광고를 위한 기사도 있기 때문입니다. 아이들도 기사의 의도를 파악하는 법을 알아야만 정보를 왜곡 없이 정확하게 이해할 수 있습니다.

아이들이 설득하는 글이나 기사를 읽을 때는 글쓴이가 제시하는 근거를 꼼꼼히 살펴보도록 지도해주세요. 제시된 통계 자료나 전문가의 의견이 신뢰할 만한지, 감정에 호소하는 글인지 아니면 논리를 갖추었는지 파악하는 습관을 들이면 좋습니다. 이렇게 글쓴이의 의도를 파악하며 읽으면 글을 비판적으로 평가할 수 있는 능력도 자연스럽게 생깁니다.

문학 작품에서도 글쓴이의 의도나 관점을 파악하는 것이 중요합니다. 이때는 글에 사용된 예시와 비유를 주의 깊게 살펴보는 것이 도움이 됩니다. 예를 들어 "시간은 모래시계 속의 모래와 같아서, 한번 흘러가면 다시 돌이킬 수 없습니다"는 비유를 사용했다면, 글쓴이는 시간의 소중함과 효율적인 사용을 강조하는 것이라 볼 수 있습니다.

아래에 소개하는 책에서는 조금 다른 관점을 엿볼 수 있습니다. 한번 볼까요?

나는 바위 위에 드러누웠다. 수면을 올려다보니 햇빛이 반짝반짝 반사되고 있었다. 공원 광장을 뛰어다니는 애들 목소리가 차츰 멀어졌다. 참 기분이 좋았다. 어쩌면 이렇게 조용하고 아름다울까. 이 시간이 계속되면 좋을 텐데.

－《스스로 생각하고 싶은 너에게》, 미래엔아이세움

이 글에서 주인공은 아무것도 하지 않은 채 풍경을 즐기며 시간을 보내고 있습니다. 시간의 효율성보다는, 일상에서 느끼는 여유로움과 행복에 가치를 두고 있지요. 이처럼 '작가의 의도'를 파악하는 능력을 기르면, 똑같은 대상이라도 바라보는 관점에 따라 전혀 다른 내용이 될 수 있다는 것을 이해하게 됩니다. 이는 아이들이 어려워하는 '추론 읽기'의 기초가 되어, 독해력 향상에도 도움이 됩니다.

특히 문학 작품에서는 글쓴이나 등장인물의 감정이 드러나는 부분에 주목하면 글의 의도를 더 잘 파악할 수 있습니다. 문학에는 기쁨, 슬픔, 분노, 걱정 등 다양한 감정이 표현되며, 이러한 감정의 변화를 통해 작가가 전하고자 하는 메시지나 교훈을 이해할 수 있습니다.

다음 이야기를 살펴볼까요?

오늘은 아침부터 기분이 좋지 않았다. 엄마가 아침 식사로 만두를 쪄주셨는데, 하나 남은 만두를 동생 하은이한테 양보하라고 하셨다. 엄마는 왜 항상 나한테만 양보하라고 하시는 걸까? 나는 입이 쑥 나와서 툴툴거리며 책가방을 휙 집어들었다. 학교 잘 다녀오라는 엄마의 목소리도 들은 체 만 체 하고 집을 나섰다.

3교시 미술 시간이 되자, 친구들은 저마다 가방에서 찰흙을 꺼내기 시작했다.

'아, 참! 오늘 미술 준비물 깜빡하고 안 가져왔잖아.'

그제야 집에 두고 온 찰흙이 떠올랐다.

아침에 동생이 하나 남은 만두를 입에 쏙 집어넣으면서 나를 약 올리지만 않았어도, 아니 처음부터 엄마가 만두를 양보하라고 하지만 않았어도, 그렇게 정신없이 집을 나서진 않았을 텐데…. 새삼 엄마와 동생에게 서운한 마음이 들고 속이 상해서 고개를 푹 숙이고 말았다.

그때 교실 뒷문이 살짝 열리는 것이 보였다. 문틈 사이로 살짝 보이는 사람은, 바로 우리 엄마였다. 엄마는 미술 준비물이 든 봉투를 내려놓으며, 나와 눈을 맞추고는 금방 사라지셨다.

집에서부터 학교까지 나를 위해 급하게 달려왔을 엄마를 생각하니, 마음이 사르르 따뜻해졌다. 오늘 집에 가면 엄마한테 꼭 고맙다고 말해야겠다.


이 이야기에서 주인공은 처음에 동생과 엄마에게 섭섭한 마음이 들고 짜증이 납니다. 그러다 준비물인 찰흙을 두고 오게 되지요. 하지만 나중에 엄마가 바쁜 와중에도 학교까지 찰흙을 가져다준 것을 알고 반성하게 됩니다.

이런 감정의 변화를 통해 작가는 독자들에게 메시지를 전달하고 있습니다. '일상생활에서 부모님께 쉽게 짜증을 내지는 않았는지 돌아보고, 부모님의 사랑과 헌신에 감사하자'는 것이죠.

자녀에게 이렇게 글 속 감정을 읽는 방법을 가르치면 여러 가지 장점이 있습니다. 글의 분위기와 흐름을 더 잘 이해할 수 있고, 글의 내용을 더 깊이 있게 파악할 수 있습니다. 또한 다른 사람의 감정을 이해하고 공감하는 능력도 자연스럽게 향상됩니다.

# 글의 의도 파악하기

**1. 글쓴이의 태도 파악하기_** 다음 문장을 읽고 글쓴이의 태도를 추측해봅시다.

> 우리나라의 전통 음식인 김치는 세계적으로 그 가치를 인정받고 있습니다. 유네스코 무형문화유산으로 등재되었을 뿐만 아니라, 건강식품으로 주목받아 해외 수출량도 매년 증가하고 있습니다.

**글쓴이의 태도: (긍정적 / 부정적 / 중립적)**

**이유:**

**2. 글의 목적 찾기_** 다음 글을 읽고 글의 목적을 찾아봅시다.

> 매년 증가하는 플라스틱 쓰레기로 해양 생태계가 위협받고 있습니다. 일회용품 사용을 줄이고 분리수거에 동참하는 등 우리의 작은 노력이 지구를 살리는 큰 힘이 될 수 있습니다.

**글의 목적:**

## 3. 숨은 의도 파악하기_ 다음 글에서 글쓴이의 숨은 의도를 추측해봅시다.

최근 연구에 따르면 하루 30분 이상 운동을 하는 사람들은 그렇지 않은 사람들에 비해 스트레스 해소 능력이 20% 더 높았습니다. 또한 규칙적인 운동은 면역력 향상에도 도움이 된다고 합니다.

**글쓴이의 숨은 의도:** ........................................................................

..................................................................................................................


## 4. 비유 해석하기_ 다음 비유를 해석하고, 글쓴이가 전달하고자 하는 메시지를 추측해봅시다.

지식은 나무와 같아서, 꾸준히 물을 주고 가꾸어야 큰 나무로 자랄 수 있습니다.

**해석:** ..........................................................................................................

**글쓴이의 메시지:** ..................................................................................

..................................................................................................................

**5. 감정 변화 추적하기_** 주어진 이야기를 읽고 주인공의 감정 변화를 추적해봅시다. 그리고 이를 통해 작가가 전달하고자 하는 메시지를 추측해봅시다.

민지는 친구들과 함께 봉사활동을 하러 갔습니다. 처음에는 귀찮고 힘들어서 하기 싫었지만, 활동을 하면서 점점 보람을 느꼈습니다. 활동이 끝났을 때, 민지는 뿌듯함을 느꼈고 다음에도 참여하고 싶다고 생각했습니다.

**감정 변화:**

**처음 ➡** .............................................................................

**중간 ➡** .............................................................................

**끝　➡** .............................................................................

**작가의 메시지:**

.............................................................................

.............................................................................

**6. 의도 비교하기_** 두 개의 다른 글을 읽고 각 글쓴이의 의도를 비교해봅시다.

> ㈎ 독서는 지식을 쌓는 가장 효과적인 방법입니다. 매일 30분씩 책을 읽으면 1년에 약 30권의 책을 읽을 수 있습니다.
>
> ㈏ 책을 읽는 것은 다른 사람의 인생을 경험하는 것과 같습니다. 책 속 주인공의 고민과 성장을 통해 우리도 함께 성장할 수 있습니다.

**글 (가)의 의도:**

**글 (나)의 의도:**

**차이점:**

# 주제 파악하며 읽기로
# 정확도를 높여주세요

## 이 글의 주인공은
## 누구?

요약을 하려면 주제부터 파악해야겠죠? 주제를 찾으려면 먼저 글이나 말 속에서 다루고 있는 대상이 무엇인지 파악해야 합니다. 이는 글이 그 대상에 대한 작가의 관점이나 주장, 생각을 표현하기 때문입니다.

그래서 요약할 때는 '누구' 또는 '무엇'에 관한 내용인지 먼저 파악해야 합니다. 다만, 9~10세 아이들에게는 이런 작업이 어려울 수 있습니다. 이 나이대의 아이들은 아직 전체를 포괄하는 추상적인 단어에 익숙하지 않기 때문입니다.

예를 들어, 환경보호에 관한 글을 읽을 때 '비닐봉지, 종이컵, 나무젓가락, 포장 그릇' 등을 '일회용품'이라는 말로 개념화하는 것이 초등학교 2~3학년 아이들에게는 어려울 수 있습니다. 이 나이대의 아이들은 아직 한자어로 된 개념어, 즉 뜻을 설명하는 단어나 포괄적인 의미를 담은 추상적인 단어를 폭넓게 이해하기 어렵습니다.

하지만 초등학교 3학년 교육 과정부터는 이런 개념어들이 본격적으로 등장하므로, 적어도 3학년부터는 추상적인 개념과 단어를 이해하고 주제를 찾는 능력을 기르도록 해야 합니다. 그렇다면 아이들이 쉽게 주제를 찾을 수 있도록 어떻게 도와줄 수 있을까요?

우선 요약할 글이나 말 속에서 '누가' 또는 '무엇'에 해당하는 주인공을 객관적인 시각으로 찾도록 가르쳐주세요. 제목이나 소제목에는 글의 주인공이 자주 드러나므로, 이를 통해 주제를 유추하는 것도 방법이 될 수 있습니다.

아래의 기사 글을 살펴볼까요?

**'까마귀 가족의 놀라운 비밀!' 조류의 협동 행동 발견**
코넬대학의 케빈 J. 맥고완 박사의 연구에 따르면, 까마귀 새끼들은 5년이라는 긴 시간 동안 부모의 둥지에 머

물며 극진한 보살핌을 받습니다. 맥고완 박사는 까마귀들이 서로 돕는 빈도가 매우 높다고 밝혔습니다. 그의 관찰에 따르면, 80%의 둥지에서 서로 돕는 모습이 관찰되었고, 보통 15개 정도의 둥지가 하나의 가족군을 이루고 있었습니다.

까마귀 연구 결과는 까마귀들이 특정 상대를 더 선호하는 경향이 있음을 보여줍니다. 까마귀들은 배우자에게 믿음을 주고, 어미를 잘 돌보며, 가족에게 강한 애착을 가진 개체들을 좋아하는 것으로 나타났습니다.

어린 까마귀들은 때때로 가족을 떠나서 지내기도 하지만, 대부분 시간이 지나면 다시 돌아왔습니다. 연구에서는 한 암컷 까마귀가 매주 금요일 오후에 1시간 이상 이동하여 원래의 가족을 만나러 오는 행동이 관찰되었습니다.

맥고완 박사는 이렇게 협동적인 양육을 하고, 휴식처를 공유하는 까마귀의 행동이 지구상의 다른 동물들에게서는 보기 드문 경우라고 설명합니다. 이는 까마귀들의 높은 사회적 지능과 적응력을 보여주는 증거입니다.

까마귀의 이런 행동은 단순한 우연이 아니라고 연구진은 설명합니다. 까마귀는 자연에서도 집단생활을 하며 먹이를 함께 찾고, 위험도 공유하는 특성이 있습니다. 이런 생활방식이 서로 돕는 행동으로 이어진 것입니다. 까마귀의 뇌 크기가 다른 조류에 비해 크다는 점도, 이런 복잡한 사회적 행동이 가능한 이유라고 할 수 있습니다.

글의 제목 〈'까마귀 가족의 놀라운 비밀!' 조류의 협동 행동 발견〉을 살펴봅시다. 이 제목은 기사의 핵심 내용과 주인공을 명확하게 보여줍니다. '조류의 협동 행동'이라는 표현에서 이 글이 '조류'에 관한 것이며, 다룰 내용이 '협동 행동'임을 알 수 있습니다.

이처럼 제목이나 소제목은 글의 전체 내용을 간단하고 핵심적으로 담고 있습니다. 따라서 아이들에게도 제목을 주의 깊게 읽도록 지도해주세요. 글의 주제나 주인공을 쉽게 파악할 수 있고, 이는 글을 전체적으로 이해하고 요약하는 능력을 기르는 데 도움이 됩니다.

자녀와 함께 신문이나 책을 읽을 때는, 먼저 제목을 보고 어떤 내용일지 예측해보는 연습을 하는 것도 좋습니다. 또한 글을 다 읽은 후에는 제목이 내용을 잘 반영하고 있는지 토론해보는 것도 좋은 방법입니다.

## 제목에서 힌트를
## 얻으세요

　　제목은 글의 핵심을 담고 있어서, 글쓴이가 많은 고민 끝에 정합니다. 따라서 제목은 글의 주요 내용을 대표한다고 볼 수 있습니다. 아이들에게 글을 읽을 때 제목과 관련된 단어나 문장에 주목하라고 가르쳐주세요. 이런 부분들은 대개 글의 중심 내용과 밀접한 관련이 있습니다. 제목을 힌트로 삼아 글을 읽어나가면 주제를 파악하기가 훨씬 쉬워진다는 점을 알려주세요.

　　이 방법을 사용하면, 어린 학생들도 글의 핵심을 이해하는 것이 한결 수월하게 느껴질 수 있습니다. 제목과 연관된 부분에 밑줄을 그어가며 읽는 습관을 들이면, 자연스럽게 글의 주제에 접근할 수 있습니다.

## 반복되는 단어나 문장을
## 눈여겨봐요

　　글을 읽을 때 가장 많이 반복되는 단어를 찾아보세요. 이 단어는 대개 글의 주제와 밀접한 관련이 있습니다. 그다음, 이 단어와 함께 사용된 서술어를 살펴보세요. 이렇게 하면 글쓴이가 말하고자 하는 핵심 내용을 파악할 수 있습니다.

'줄넘기'에 대해 설명하는 아래의 글을 읽어보겠습니다.

폴짝폴짝 줄을 뛰어넘는 줄넘기를 해본 적 있나요? 줄넘기를 할 때는 양손으로 줄의 손잡이를 꼭 잡고서, 원을 그리듯 크게 줄을 돌리며 뛰어넘어야 하지요. 줄넘기는 장점이 많은 운동입니다. 어떤 점이 좋을까요?

먼저, 몸이 튼튼해집니다. 줄넘기는 우리 몸 전체를 사용하는 전신 운동으로, 짧은 시간을 해도 효과가 큽니다. 위아래로 점프를 하기 때문에 골밀도가 높아지고 뼈와 심장이 튼튼해지지요. 또, 폐활량을 높이고 근육을 늘리는 데도 도움을 줍니다.

또한 줄넘기를 가지고 친구들과 재미있게 놀 수도 있지요. 이중 뛰기, 뒤로 돌려 뛰기, 엇갈려 뛰기 등 다양한 동작을 함께 해볼 수 있어요. 긴 줄넘기가 있으면, 노래를 부르며 한꺼번에 여럿이 줄을 뛰어넘는 것도 할 수 있고요. 마치 운동회처럼요.

무엇보다 줄넘기는 줄 하나와 뛸 공간만 있으면 되지요. 큰 공간이 필요 없이 줄 하나만 있으면 언제 어디서든 운동을 할 수 있어요. 혼자서든 여럿이든, 짧은 시간 동안 간편하게 할 수 있는 줄넘기는 어린이들에게도 말할 것도 없고 누구에게나 좋은 운동입니다.

주제 찾기를 가르치는 단원이기에, 첫 문단, 첫 문장에서 설명할 대상인 '줄넘기'를 제시하고 있습니다. 글 안에서 '줄넘기'란 어휘는 8번 반복됩니다. 이를 통해 '줄넘기'가 이 글의 주인공이라는 걸 쉽게 알 수 있습니다.

그렇다면 글쓴이는 '줄넘기'의 '무엇'을 말하고 싶은 걸까요? 1문단에서는 줄넘기의 뜻을 얘기하고, 줄넘기의 좋은 점을 말하고 있습니다. 그리고 2~4문단에서는 줄넘기의 좋은 점을 구체적으로 제시하고 있죠? 따라서 이 글은 '줄넘기의 좋은 점'을 말하고 있다는 걸 알 수 있습니다.

이렇듯 주제는 글에서 '누가' 혹은 '무엇'이 '어떠하다/어찌하다/무엇이다'의 서술어를 찾으면 완성됩니다.

주제를 찾을 때는 명사뿐만 아니라 형용사나 동사 등의 서술어도 찾아야 합니다. 글에서 설명하거나 주장하는 대상을 찾고, 그에 내해 어떻게 서술하고 있는지 살펴보면 주제를 쉽게 파악할 수 있습니다. 간혹 핵심어는 명사형으로만 이루어진다고 생각하는 아이들이 있습니다. 하지만 핵심어 중에는 '어떠하다(형용사)/ 어찌하다(동사) /무엇이다'의 서술어도 포함된다는 걸 잊지 않아야 합니다.

다시 말해, 설명하는 대상, 또는 주장하는 대상을 찾고 그에 대한 의견을 제시하거나 서술한 '서술어'를 찾아야 주제문을 완성할 수 있는 거죠.

아이와 함께 글을 읽을 때 "이 글은 ＿＿에 관한 글이다"라는 문장을 만들어보는 연습을 해보세요. 이 방법은 글의 전체적인 내용을 한 문장으로 요약하는 능력을 기르는 데 효과적입니다. 예를 들어, 학교 폭력 예방에 관한 글을 읽은 후 "이 글은 학교 폭력의 심각성과 예방 방법에 관한 글이다"라는 문장을 만들어보게 하는 거죠. 이런 연습은 아이들이 부담감 없이 글의 핵심을 파악하고 간결하게 표현하는 능력을 기르는 데 도움이 됩니다.

# 글의 주제 파악하기

**1. 제목 탐색하기_** 다음 제목을 보고 글의 주인공과 주요 내용을 추측해봅시다.

> "내가 도와줄게!" 조류의 이타적 행동 관찰돼

**주인공:**

**주요 내용:**

**2. 반복되는 단어 찾기_** 다음 글에서 가장 많이 반복되는 단어를 찾아봅시다.

김치는 한국의 대표적인 발효 음식입니다. 배추나 무를 주재료로 하여 고춧가루, 마늘, 생강 등의 양념을 버무려 만듭니다. 김치는 영양가가 높고 건강에 좋은 것으로 알려져 있습니다. 유산균이 풍부하여 소화를 돕고 면역력을 높여줍니다. 또한 비타민과 무기질이 풍부하여 피부 건강에도 좋습니다. 김치는 한국인의 식탁에서 빼놓을 수 없는 반찬이며, 최근에는 세계 각국에서도 그 맛과 영양을 인정받아 인기를 얻고 있습니다.

**가장 많이 반복된 단어:** _____

## 3. 주제문 만들기_ 위 글을 읽고 다음 문장을 완성해보세요.

이 글은 _____ 에 관한 글이다.

## 4. 주제 파악 4단계 연습_ 다음 글을 읽고 주제를 파악하는 4단계를 연습해봅시다.

독서는 우리 삶을 풍요롭게 만드는 중요한 활동입니다. 책을 읽으면 새로운 지식을 얻을 수 있고, 상상력도 키울 수 있습니다. 또한 독서는 스트레스 해소에도 도움이 됩니다. 조용히 책에 몰입하는 시간은 우리 마음에 평화를 줍니다. 더불어 독서를 통해 다양한 경험을 간접적으로 할 수 있어 삶의 지혜를 얻을 수 있습니다. 매일 조금씩이라도 책을 읽는 습관을 기르면, 우리의 삶이 더욱 풍성해질 것입니다.

1단계: '누가/무엇'에 관한 글인가요?


2단계: 이 문단에서 중요한 내용은 무엇인가요?


3단계: 핵심어와 호응하는 서술어는 무엇인가요?


4단계: "이 글은 ____에 관한 글이다"로 정리해보세요.

# 중심 내용 vs 뒷받침 내용 구분하기로 논리력을 키워주세요

## 모든 글에는 기둥이 있어요

글에는 작가가 표현하고자 하는 중심 내용과 그 중심 내용을 뒷받침하는 내용이 있습니다. 중심 내용이 집의 기둥이라면 뒷받침 내용은 벽과 지붕, 창문 등이라고 볼 수 있습니다. 뒷받침 내용은 중심 내용을 자세히 설명하는 부분입니다. 중심 내용을 뒷받침하는 예시나 자료, 원인(이유), 혹은 다른 대상과의 공통점과 차이점을 들어 자세하게 설명하는 부분이죠.

중심 내용은 기둥이라고 해서 홀로 존재하는 것이 아니라 뒷받침 문장들과 유기적으로 연결되어 있습니다. 아이들은 언뜻 보기에 흥미로운 뒷받침 내용을 중심 내용이라고 생각하기 쉽습니다. 그래서 글의 중심 내용과 뒷받침 내용을 구분하여 글의 구조를 이해하고 핵심을 파악해야만 정확한 읽기를 할 수 있습니다.

아이와 함께 글을 읽을 때 "이 부분이 글의 핵심이구나", "이 부분은 앞서 나온 내용을 더 자세히 설명해주는구나" 하는 식으로 중심 내용과 뒷받침 내용을 구분 짓는 연습을 해보세요.

## 중심 문장 VS 뒷받침 문장, 어떻게 구분할까?

글 속 주제는 하나이지만, 글쓴이는 자신이 말하고 싶은 그 주제를 상대가 이해할 수 있도록 다양한 내용을 들어 설명합니다.

예를 들어 '지구 온난화는 심각한 환경 문제입니다'라는 생각을 전하고 싶다면 이를 뒷받침하기 위해 다양한 사실을 제시합니다. '북극곰의 서식지가 줄어들고 있습니다'라든가 '해수면 상승으로 섬나라들이 위험에 처해 있습니다.' 등의 내용으로 뒷받침될 수 있습니다. 이렇게 실제로 벌어지고 있는 '사실' 넉분에 '지구 온난화가 심각하다'는 글쓴이의 생각이 설득력 있게

다가오는 것이죠.

하지만 아이들은 어떤 부분이 글의 핵심인지 파악하는 것이 어려울 수 있습니다. 아이들 눈에는 생소한 내용일수록 중요해 보이기도 하거든요. 그러면 어떻게 아이들이 중심 문장과 뒷받침 문장을 잘 구별할 수 있을까요?

### 중심 문장은 그 문단의 전체적인 내용을 포괄할 수 있어야 합니다

다음 글을 읽고 이 문단에서 전체 내용을 포괄하는 게 어떤 문장인지 찾아보겠습니다.

장승을 아시나요? 장승은 참 여러 가지 역할을 했답니다. 예부터 우리 조상들은 마을이나 길가, 절 입구에 장승을 세우곤 했는데요, 장승이 마치 수호신처럼 마을 밖에서 들어오는 재앙이나 나쁜 병을 막아준다고 믿었기 때문입니다. 또 장승은 마을의 안과 바깥을 나타내는 표지판 노릇도 했지요.

앞의 글에서 중심 문장은 무엇일까요? '재앙이나 나쁜 병을 막아주는 것', 또 '마을의 경계를 나타내는 표지판' 모두 장 승의 구실에 포함됩니다. 그러므로 전체 내용을 포괄하는 내용은 "장승은 여러 가지 역할을 했답니다"이며, 이 문장이 중심 문장이겠죠.

장승은 마을 밖에서 들어오는 재앙이나 나쁜 병을 막아준다.

장승은 여러 가지 역할을 했다.

마을의 안과 바깥을 나타내는 표지판 노릇도 했다.

구조도로 그려본다면 위와 같습니다. '장승이 여러 가지 구실을 했다'는 것을 두 가지 예로 뒷받침해주고 있죠. 이렇게 뒷받침 내용은 주제를 보완하거나, 예를 들거나, 이유를 들어서 주제를 받쳐주는(보조해주는 / 보충해주는) 역할을 합니다.

## 중심 문장은 문단의 맨 앞이나 맨 뒤에 오는 경우가 많습니다

중심 문장이 문단의 어디에 위치해 있느냐에 따라 문단을 다음과 같이 나눌 수 있습니다. 중심 문장이 맨 앞에 오면 두괄식 문단, 맨 뒤에 오면 미괄식 문단, 맨 앞과 맨 뒤에 모두 오면 양괄식 문단, 가운데 오면 중괄식 문단이라고 합니다.

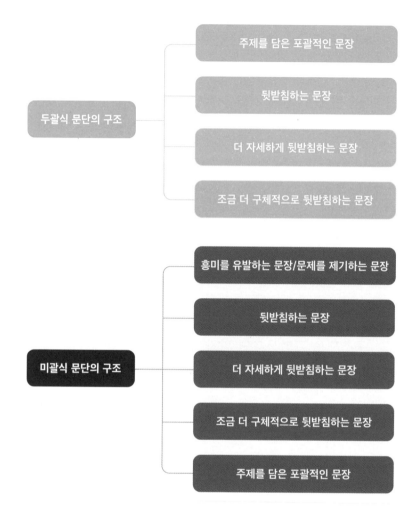

두괄식 문단의 구조

주제를 담은 포괄적인 문장

뒷받침하는 문장

더 자세하게 뒷받침하는 문장

조금 더 구체적으로 뒷받침하는 문장

미괄식 문단의 구조

흥미를 유발하는 문장/문제를 제기하는 문장

뒷받침하는 문장

더 자세하게 뒷받침하는 문장

조금 더 구체적으로 뒷받침하는 문장

주제를 담은 포괄적인 문장

아이들이 전체를 포괄하는 문장 찾기를 어려워하면 맨 앞이나 맨 뒤에 전체를 포괄하는 문장이 있나 먼저 찾아보고, 그래도 못 찾겠다면 가운데를 훑어보는 것도 방법입니다. 하지만 모든 글에서 중심 문장이 명확하게 드러나는 건 아닙니다. 때로

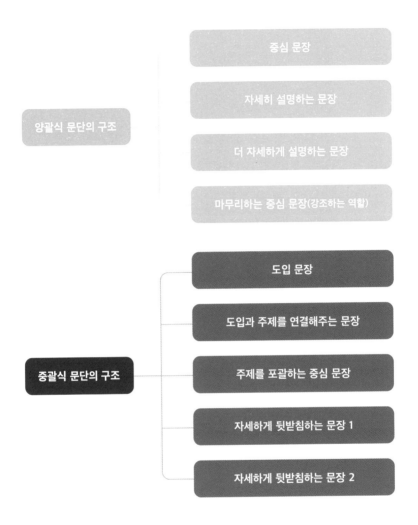

양괄식 문단의 구조

중심 문장

자세히 설명하는 문장

더 자세하게 설명하는 문장

마무리하는 중심 문장(강조하는 역할)

중괄식 문단의 구조

도입 문장

도입과 주제를 연결해주는 문장

주제를 포괄하는 중심 문장

자세하게 뒷받침하는 문장 1

자세하게 뒷받침하는 문장 2

는 중심 문장이 없는 경우도 있습니다. 이럴 때는 앞에서 배운 핵심어 찾기를 바탕으로 중심 문장을 유추해서 만들거나, 중심 구절을 이어서 주제에 맞게 문장으로 표현합니다.

## 시각화를 통해
## 중심 문장과 뒷받침 문장 찾기

중심 문장과 뒷받침 문장을 기호를 활용해 시각적으로 표시하면 글의 구조와 각 문장의 관계가 한눈에 명확히 들어옵니다. 방법은 다음과 같습니다.

포괄적인 내용을 담은 중심 문장에 동그라미를, 나열하거나 자료를 제시하는 뒷받침 문장에는 네모로 표시를 해봅니다. 그다음 동그라미 친 문장과 네모로 표시한 문장을 선으로 연결합니다. 그리고 각 문장들이 어떻게 연결됐는지 도형과 선을 이용해서 시각적으로 확인해봅시다.

다음의 짧은 글에서 중심 문장을 찾아 동그라미를 치고 뒷받침 문장에는 네모를 해볼까요?

운동은 건강에 매우 좋습니다. 규칙적인 운동은 심장을 튼튼하게 만들어줍니다. 또한 운동은 스트레스를 해소하는 데 도움이 됩니다. 운동을 하면 행복호르몬이 분비되어 기분이 좋아집니다. 그리고 운동은 면역력을 높여 질병을 예방하는 데 도움이 됩니다. 따라서 우리는 매일 적당한 운동을 해야 합니다.

위 글에서 중심 문장은 "운동은 건강에 매우 좋습니다." 이니 그 문장에 동그라미를 칩니다. 그 이유를 설명하는 나머지 문장들에는 네모를 치겠죠. 첫 줄의 중심 문장은 마지막의 마무리하는 중심 문장을 다시 뒷받침합니다. 여기에 따라 네모로 표시한 문장들과 동그라미 친 문장을 연결합니다. 이렇게 하면 중심 내용과 그것을 뒷받침하는 내용들의 관계가 한눈에 들어옵니다.

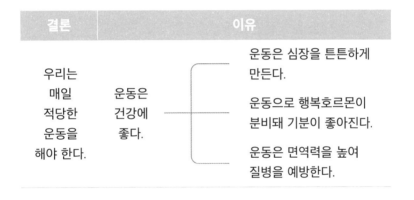

| 결론 | 이유 |
|---|---|
| 우리는 매일 적당한 운동을 해야 한다.    운동은 건강에 좋다. | 운동은 심장을 튼튼하게 만든다.<br><br>운동으로 행복호르몬이 분비돼 기분이 좋아진다.<br><br>운동은 면역력을 높여 질병을 예방한다. |

이렇게 도형으로 표시한 내용을 바탕으로 구조도를 그려봅니다. 그러면 문단의 구조를 쉽게 이해할 수 있습니다. 문단의 구조를 이해했다면 글의 주제도 한눈에 들어와 중심 내용을 정확하게 파악할 수 있습니다.

## '왜?'라는 질문이
## 중심 문장 찾기를 도와줘요

앞의 글을 함께 읽은 후 "운동이 건강에 왜 좋지?" 이렇게 묻고 글에서 찾아보라고 하면 아이들은 쉽게 답합니다.

"심장을 튼튼하게 만들고요",
"스트레스 해소에 도움이 되고요",
"면역력을 높여 질병을 예방해서 좋아요."

이어서 "그래서 글쓴이는 무엇을 하자는 걸까?"라고 물으면, 아이들은 또 어렵지 않게 답할 겁니다.
"매일 적당한 운동을 해야 한다고 했어요."
이렇듯 주제는 보통 '누가/무엇'을 '하자/한다'로 마무리되기 때문에 이를 바탕으로 훈련하면 중심 문장 찾는 것을 어려워하지 않게 됩니다. 그렇다면 몇 개의 문단으로 이루어진 글은 어떻게 중심 문단을 찾을 수 있을까요?

## 문단의 덩어리로
## 글을 파악해요

　　문단은 완결된 생각을 담은 문장들이 모여 하나의 주제를 나타내는 덩어리로, 몇 개의 문장이 모여 하나의 중심 생각을 나타냅니다.*

　　그중에서도 중심 문단은 '주제'를 담고 있는 문단입니다. 그 '주제'를 효과적으로 전달하기 위해 여러 문단으로 중심 문단을 뒷받침합니다. 비문학 글에서 문단은 크게 처음, 중간, 끝, 즉 도입 문단, 전개 문단, 마무리 문단으로 구성됩니다.

도입 문단(처음)

문단의 구성

전개 문단(중간)

마무리 문단(끝)

　　이렇게 세 부분으로 이뤄진 문단의 역할을 이해하면 문단의 핵심 내용을 정확하게 파악할 수 있습니다.

---

＊ 네이버 천재학습백과 초등 국어 용어 사전

도입 문단은 글 쓰는 목적과 본문에서 이야기할 대상(중심소재) 및 이야기할 범위, 목적 정도를 소개하며 글 전체를 안내하는 역할을 합니다.

전개 문단은 앞에서 소개한 대상을 구체적으로 설명하거나 주장하는 문단으로, 관점을 분명하게 제시합니다. 도입 문단에서 추상적으로 또는 개념적으로 말한 것을 구체적으로 풀어서 설명하거나 주장한 내용을 뒷받침할 객관적 자료를 전개합니다.

마무리 문단은 전개한 내용을 요약하거나 종합해 주제를 제시합니다. 논설문이나 설명문에서는 마무리 문단이 중심 문단일 가능성이 높습니다.

짧은 비문학은 도입 문단 하나, 전개 문단 3~5개, 마무리 문단 하나로 구성됩니다. 전개 문단에서 문단을 바꾸는 경우는 설명하고자 하는 대상이 바뀌거나, 논점이나 입장이 바뀌거나, 설명 방법이 바뀌거나, 시간이나 장소가 바뀌거나 단계가 바뀌는 등 내용이 바뀔 때입니다.

따라서 글의 중심 내용과 뒷받침 내용을 파악하고 싶다면, 전개 문단이 중심 문단과 어떤 식으로 연결됐는지 파악하면 도움이 됩니다.

한 가지 팁을 덧붙이자면, 접속어를 통해서도 중심 내용을 찾는 데 실마리를 얻을 수 있습니다. 접속어 중 표지어의 역할을 하는 것들이 있습니다. '그러나/하지만', '이처럼', '요컨대', '즉', '그러므로/그래서/따라서'가 그런 접속어입니다. 이런 접속어를 유의해서 읽으면 중심 내용을 쉽게 찾을 수 있습니다.

# 중심 내용과 뒷받침 내용 찾기

**1. 주인공 문단 찾기** 다음 글을 읽고 가장 중요한 문단(주인공 문단)을 찾아봅시다.

우리 동네 공원에는 매주 토요일마다 특별한 행사가 열립니다. 바로 '나눔 장터'예요. 이 장터에서는 사람들이 더 이상 사용하지 않는 물건들을 가져와 저렴한 가격에 팝니다.

나눔 장터는 여러 가지 좋은 점이 있어요. 먼저, 사용하지 않는 물건을 다른 사람에게 줄 수 있어서 환경에 도움이 됩니다. 또한, 저렴한 가격에 필요한 물건을 살 수 있어 경제적이에요. 그리고 이웃들과 만나 이야기를 나눌 수 있는 좋은 기회이기도 합니다.

하지만 가장 중요한 것은 나눔 장터에서 얻은 수익금의 일부를 우리 동네의 어려운 이웃들을 돕는 데 사용한다는 거예요. 이를 통해 우리 모두가 조금씩 도움을 주고받는 따뜻한 지역 사회를 만들어갈 수 있답니다.

나눔 장터는 단순한 벼룩시장이 아니라, 우리 동네를 더 좋은 곳으로 만드는 특별한 활동이에요. 여러분도 이번 주 토요일에 나눔 장터에 참여해보는 건 어떨까요?

**주인공 문단:**

**이유:**

## 2. 문장의 역할 찾기_ 위 문단에서 각 문장의 역할을 찾아보세요. 중심 문장에는 ★, 뒷받침 문장에는 ☆ 표시합시다.

독서는 우리 삶을 풍요롭게 만드는 중요한 활동입니다. ( ) 책을 읽으면 새로운 지식을 얻을 수 있고, 상상력도 키울 수 있습니다. ( ) 또한 독서는 스트레스 해소에도 도움이 됩니다. ( ) 조용히 책에 몰입하는 시간은 우리 마음에 평화를 줍니다. ( ) 더불어 독서를 통해 다양한 경험을 간접적으로 할 수 있어 삶의 지혜를 얻을 수 있습니다. ( ) 매일 조금씩 이라도 책을 읽는 습관을 기르면, 우리의 삶이 더욱 풍성해질 것입니다. ( )

**3. 중심 내용 찾기_** 다음 글을 읽고 중심 내용을 찾아보세요.
그리고 그 이유를 설명해봅시다.

플라스틱 사용을 줄이는 것은 우리 환경을 지키는 데 매우 중요합니다. 플라스틱은 분해되는 데 수백 년이 걸리며, 많은 양의 플라스틱이 바다로 흘러들어 해양 생물에게 큰 위협이 되고 있습니다. 또한 플라스틱을 만들 때 발생하는 온실가스는 지구 온난화를 가속화시킵니다.

우리가 일상에서 플라스틱 사용을 줄이는 방법은 여러 가지가 있습니다. 먼저, 장을 볼 때 일회용 비닐봉지 대신 천으로 만든 장바구니를 사용할 수 있습니다. 또한 물을 마실 때는 일회용 플라스틱 병 대신 개인 텀블러를 사용하는 것이 좋습니다. 카페에서 커피를 마실 때도 일회용 컵 대신 개인 컵을 사용하면 플라스틱 쓰레기를 줄일 수 있습니다.

이러한 작은 노력들이 모여 우리의 환경을 보호하고 지구의 미래를 지킬 수 있습니다. 우리 모두가 조금씩 관심을 가지고 행동한다면, 큰 변화를 만들어낼 수 있습니다.

**중심 내용:**

**이유:**


**4. 뒷받침 내용 만들기_** 다음 중심 문장에 대한 뒷받침 내용을
3가지 만들어봅시다.


중심 문장: "운동은 건강에 좋습니다."


**뒷받침 내용 1:**

**뒷받침 내용 2:**

**뒷받침 내용 3:**


**5. 접속어 찾기 빙고_** 다음 글을 읽고 중요한 접속어를 찾아 빙
고판에 적어봅시다.


건강한 생활을 위해서는 균형 잡힌 식단이 중요합니다. 먼
저, 다양한 종류의 채소와 과일을 섭취해야 합니다. 그러나
단순히 많이 먹는 것보다는 골고루 먹는 것이 더 중요합니
다. 또한, 단백질이 풍부한 식품도 꼭 필요합니다. 예를 들어,

생선, 달걀, 콩 등이 좋은 단백질 공급원입니다. 그리고 탄수화물은 에너지원으로 중요하지만, 과다 섭취하면 비만의 원인이 될 수 있으므로 적당히 먹어야 합니다. 마지막으로, 물을 충분히 마시는 것도 잊지 말아야 합니다. 따라서 이러한 점들을 고려하여 식단을 구성하면 건강한 생활을 유지할 수 있을 것입니다.

## 혼자서 하는 '접속어 빙고판' 활용 방법

**1) 글을 천천히 읽으면서 접속어를 찾아봅시다.**

**2) 찾은 접속어를 3×3 빙고판에 적어봅시다. 예를 들면 아래와 같습니다.**

| 먼저 | 그러나 | 또한 |
|---|---|---|
| 예를 들어 | 그리고 | 하지만 |
| 따라서 | 그래서 | 마지막으로 |

3) 빙고판을 다 채웠다면, 글을 다시 한 번 읽으면서 나오는 접속어에 동그라미를 쳐봅시다.

4) 가로, 세로, 대각선으로 3개의 접속어를 연결할 수 있으면 "빙고"라고 외쳐봅시다.

5) 몇 번 만에 빙고를 완성했는지 세어봅시다.

6. 요약하기 연습_ 다음 글을 읽고 중심 내용과 뒷받침 내용을 구분하여 요약해봅시다.

지구 온난화는 우리 시대의 가장 심각한 환경 문제 중 하나입니다. 지구의 평균 기온이 점점 올라가면서 여러 가지 문제가 발생하고 있습니다.

먼저, 빙하가 녹아 해수면이 상승하고 있습니다. 이로 인해 해안가 도시들이 침수 위험에 처해 있으며, 일부 작은 섬나라들은 사라질 위기에 놓여 있습니다.

또한, 기후 변화로 인해 전 세계적으로 이상 기후 현상이 증가하고 있습니다. 폭염, 가뭄, 홍수, 허리케인 등의 자연재해가 더 자주, 더 강력하게 발생하고 있어 많은 사람들의 생활에 위협이 되고 있습니다.

이러한 문제를 해결하기 위해서는 전 세계적인 노력이 필요합니다. 개인적으로는 에너지 절약, 재활용 실천 등을 통해 온실가스 배출을 줄일 수 있습니다. 국가적으로는 재생 에너지 사용 확대, 탄소 배출 규제 등의 정책을 시행해야 합니다. 우리 모두가 조금씩 노력한다면 지구 온난화 문제를 해결할 수 있을 것입니다.

중심 내용: ....................................................................

뒷받침 내용 1: ...............................................................

뒷받침 내용 2: ...............................................................

# 핵심어 찾기로
# 표현력을 높여주세요

방대한 양의 정보를 신속하고 정확하게 처리하려면 어휘력을 반드시 길러야 합니다. 이를 바탕으로 글 속 핵심어를 찾을 수 있기 때문입니다. 대체 핵심어가 뭐길래, 요약을 잘하려면 핵심어를 찾아야 할까요?

핵심어는 글 속에서 중심 내용을 담고 있는 단어를 말합니다. 핵심어는 보통 전체 핵심 내용을 포괄하며, 전체 글의 내용을 이해하는 실마리가 되죠.

예를 들어 '참새, 까치, 까마귀, 매는 우리가 흔히 볼 수 있는 새이다'라는 문장에서 '새'는 '참새, 까치, 까마귀, 매'를 포괄히는 상위어입니다. 이렇게 예를 들어 나열한 내용들을 포괄하는 상위어가 핵심어일 가능성이 높습니다.

여러 단어로 이루어진 단락과 글 속에서 핵심어를 찾으면 중심 생각을 정확하게 이해할 수 있습니다. 이 장에서는 핵심어, 개념어의 특징과 찾는 방법을 알아보도록 하겠습니다.

## 개념어 찾기로
## 핵심어, 쉽게 쉽게

핵심어들 중에는 개념어가 많습니다. 개념어란 '개념을 설명한 단어'죠. 보통 우리가 접했을 때 '어렵다'고 느낄 수 있는 추상적인 개념들을 담고 있습니다. '가상현실', '타자화', '물질만능주의', '역설', '반어'처럼 어떤 개념이나 사회현상, 과학 원리 등의 개념을 담은 단어들이 여기에 해당합니다.

초등학생들도 쉽게 이해할 수 있는 개념어를 예를 들어볼까요?

- '환경오염': 글에서 이 개념어가 나오면, 자연을 보호하는 것의 중요성에 대해 이야기하고 있을 거예요.
- '우정': 이 개념어는, 친구의 소중함이나 친구와의 관계에 관한 글에 주로 나와요.
- '인터넷': 컴퓨터나 스마트폰으로 정보를 찾는 이야기를

하는 글에서 이 개념어를 사용할 수 있어요.

- '건강': 이 개념어는, 운동이나 바른 식습관의 중요성에 대해 설명하는 글에 흔히 나와요.
- '재활용 recycling': 쓰레기를 줄이고 자원을 활용하여 환경을 보호하자고 말하는 글에 이 개념어가 많이 나와요.

이런 개념어들을 찾으면, 글에서 무엇을 중요하게 생각하는지 알 수 있어요. 그래서 글을 읽을 때 이런 단어들을 주의 깊게 살펴보면 도움이 됩니다. 핵심어는 전체 내용을 포괄하는 단어이기 때문에 개념어가 핵심어일 가능성이 높습니다. 따라서 우리는 개념어로 글 속 중심 내용을 유추해볼 수 있습니다.

## 반복하는 단어로
## 핵심어 쉽게, 쉽게

핵심어는 반복적으로 등장하는 단어나 어구인 경우가 많습니다. 문장과 문장 속의 핵심어가 연결되어 주제가 드러나기 때문입니다.

우리는 하루에도 수없이 물을 사용합니다. 세수도 하고, 마시기도 하고, 밥을 짓기도 하지요. 우리가 살아가는데 물이 없어선 안 됩니다. 지금 우리는 어디서든 깨끗한 물을 쉽게 구할 수 있습니다. 그러나 아프리카의 난민촌에서는 사정이 다릅니다. 깨끗한 물을 구하지 못해 어려움을 겪습니다. 고여 있는 흙탕물로 몸을 씻고, 말라리아나 장티푸스 같은 병균에 오염되었을지도 모를 더러운 물을 마셔야 합니다. 그 때문에 생명이 위험한 상황에 처하기도 합니다.

　이 아이들을 위한 기부 운동은 깨끗한 물을 얻을 수 있게 합니다. 적은 기부금으로도 깨끗한 물을 충분히 선물할 수 있습니다. 같이 해보면 어떨까요?


위 예문에서 반복되는 단어를 통해 핵심어와 중심 생각을 찾는 과정을 따라가 봅시다.

① 우리는 하루에도 수없이 [물]을 사용합니다.
② 우리가 살아가는 데 [물]이 없어서는 안 됩니다.
→ 이렇게 앞부분에서 [물]이 반복되어 나오니, [물]에 관

한 이야기인가 생각할 수 있습니다.

③ 그러나 아프리카의 난민촌에서는 [깨끗한 물]을 구하지 못해 어려움을 겪습니다.

④ 아이들은 [더러운 물]을 마시고 생명이 위험한 상황에 처하기도 합니다.

→ [물]에서 [깨끗한 물]과 [더러운 물]로, 내용을 세분화했습니다. 그러면서 하나의 화제가 새롭게 제시됩니다. '아이'죠. 아이들이 어려움을 겪고 있습니다. '물'을 화제로 제시한 후 아이들이 [더러운 물]을 마셔 생명이 위험할 수 있다는 심각성을 알리고 있습니다.

⑤ 아프리카 난민촌 아이들을 위한 기부 운동에 참여합시다.

⑥ 적은 기부금으로도 [깨끗한 물]을 충분히 선물할 수 있습니다.

→ 마침내 ⑤, ⑥에서 핵심적인 내용이 나옵니다. '같이 해보면 어떨까요?' 이 문장이 작가가 가장 하고 싶던 말입니다.

이렇게 글에서 중심 생각을 끌어내기 위해, 글쓴이는 핵심어들을 연결하면서 주제를 표현합니다. 따라서 전체 문장에서 이어지며 반복되는 단어를 찾으면 핵심어일 확률이 높습니다.

# 제목이나 목차, 소제목으로
# 핵심어, 쉽게 쉽게

제목, 목차, 소제목은 글 속에서 자신이 어떤 말을 하고 싶은지 핵심적인 내용을 담고 있습니다. 따라서 제목이나 소제목으로 주제를 확인할 수 있고 글쓴이의 의도를 더 명확하게 파악할 수 있습니다.

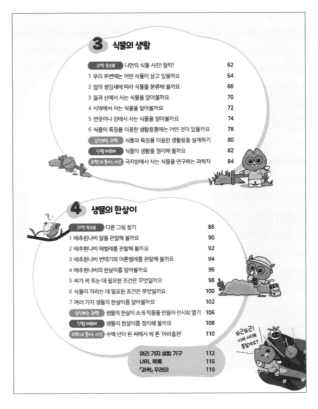

-초3-1, 과학 교과서, 미래엔

위의 목차를 보면 제목과 소제목만으로도 핵심어를 금방 찾을 수 있습니다. 제목에 '생물의 한살이'라고 명확하게 쓰여 있고 각 소제목들은 '생물의 한살이'를 세분화해서 설명하고 있습니다. 이번 단원에서는 배추흰나비의 한살이를 구체적으로 살펴보고, 나아가 다양한 생물들의 한살이 특징은 무엇인지 알아보리라는 것을 짐작할 수 있습니다.

## '~란 ~을 의미한다'로
## 핵심어, 쉽게 쉽게

핵심어를 찾을 때는 새롭게 정의하거나 설명하는 단어에 주목해야 합니다. '~란', '~을 의미한다'와 같이 뜻을 정의하는 표현 뒤에 나오는 단어들은 대개 중요한 개념어입니다. 특정한 단어의 뜻(개념)을 정의한다는 것은, 글쓴이가 독자에게 특별히 이해시키고자 하는 내용이라는 의미이기 때문입니다. 다음 예문을 볼까요?

산과 들, 바다에서 살아가는 동물들은 먹이를 구하는 방법에 따라 크게 세 가지로 나뉩니다. 다른 동물을 잡아

먹는 동물, 풀을 먹는 동물, 그리고 죽은 동물을 먹는 동물이 있습니다. 이 가운데 다른 동물을 잡아먹고 사는 동물을 통틀어서 '육식동물'이라고 합니다.

육식동물이라고 해서 모두 큰 동물만을 사냥하는 것은 아니며, 작은 곤충을 잡아먹는 동물도 있습니다. 그러나 육식동물은 공통적으로 날카로운 이빨과 발톱을 가지고 있어 사냥에 유리한 특징을 보입니다.

그러므로 날카로운 이빨을 가진 동물은 대부분 육식동물이라고 생각할 수 있습니다. 고양이처럼 작은 동물이라도 사냥을 통해 먹이를 구한다면 모두 육식동물로 분류합니다.

육식동물은 대부분 뛰어난 후각과 청각을 가지고 있어 먹이를 찾는 데 유리합니다. 또한 강한 근육과 빠른 움직임으로 사냥감을 쫓아 잡을 수 있습니다. 사자나 호랑이 같은 대형 육식동물은 무리를 지어 사냥하기도 하며, 매나 독수리 같은 육식 조류는 날카로운 발톱과 부리로 먹이를 잡아챕니다.

육식동물은 소화 기관도 특별합니다. 짧은 장을 가지고 있어 고기를 빠르게 소화할 수 있으며, 강한 위산으로 뼈까지도 소화할 수 있습니다. 이런 특징들은 모두 육식 생활에 알맞게 적응한 결과입니다.

첫 문단에서 '육식동물'의 뜻을 설명하고 있습니다. "다른 동물을 잡아먹고 사는 동물을 통틀어서 '육식동물'이라고 합니다"라고요. 이어진 두 번째 문단에서는 '육식동물의 크기와 특징'에 대해서 설명하며, 세 번째 문단에서는 육식동물의 핵심 특징, 즉 날카로운 이빨을 가지고 사냥하는 모든 것을 '육식동물'로 분류한다고 강조합니다.

네 번째 문단에서는 육식동물들의 감각 기관과 사냥 방식을 자세히 설명하고, 마지막 문단에서는 소화 기관의 특별한 점을 다루며 육식동물만의 독특한 특징들을 설명하고 있습니다. 이렇게 '육식동물'의 개념을 정의하고, 다양한 특징을 상세히 설명하며 구체화하고 있죠. 즉 이 글은 '육식동물'의 정의와 특징에 대해 종합적인 설명을 하고 있습니다.

이 글에서는 첫 문단의 '~란 ~이다'라는 설명을 통해 '육식동물'이라는 핵심어를 쉽게 찾을 수 있습니다. '누가/무엇'을 풀어서 설명한 문장이 있다면 그 단어는 핵심어일 가능성이 높습니다. 물론 경우에 따라서는 첫 문단의 설명이 뒤에 나오는 핵심어를 소개하기 위한 도입부가 되기도 하므로, 앞뒤 글의 내용을 파악하면서 읽어야 합니다.

이처럼 핵심어를 찾다 보면 개별 단어나 문장의 의미를 넘어 글 전체의 메시지를 파악할 수 있습니다. 위의 글에서는 '어떤 동물을 육식동물로 분류할 수 있는가'를 알려주는 것이 글쓴이가 전하고자 하는 핵심 내용이라 할 수 있죠. 이렇듯 글의 구조를 파악하고 핵심 내용을 추출하면, 글 전체의 메시지를 간단하게 요약할 수 있습니다.

## 핵심어를 찾으며 읽으면 뭐가 좋은가요?

핵심어를 찾으면서 글을 읽으면 요약을 효율적으로 할 수 있습니다. 또한 읽기 속도도 빨라집니다. 중요한 부분에 집중하여 읽기 때문에, 불필요한 시간 낭비를 줄일 수 있습니다. 수능시험처럼 많은 양의 지문을 빠르고 정확하게 읽어야 할 때, 핵심어를 찾으며 중심 내용을 빠르게 이해하면 효율이 한결 높아집니다. 또한 핵심어와 개념어는 글의 본질을 담고 있기 때문에, 이를 중심으로 기억하면 내용을 오래 기억할 수 있습니다.

마지막으로 핵심어를 찾다 보면, 핵심어들이 문장과 문장, 문단과 문단 사이에서 어떻게 연결돼 있는지를 파악하기 때문에 자연스럽게 글의 구조와 논리를 분석하게 됩니다. 이렇게 핵심어들을 연결하며 '요약을 위한 읽기'를 하면, 글을 체계적으로 주제에서 벗어나지 않게 읽고 쓸 수 있게 됩니다.

다만, 핵심어를 활용할 때 주의할 점이 있습니다. 핵심어에만 집중해서 전체적인 맥락을 놓치지 않도록 해야 합니다. 글의 전체적인 흐름과 논리에 따라 핵심어 사이의 관계를 반드시 점검해야 합니다. 핵심어만을 추출하다 보면 때로는 글쓴이의 본래 의도와 다르게 해석할 수 있기 때문입니다. 따라서 핵심어를 식별한 후에는 다시 전체적인 맥락에서 그 의미를 확인하며 자신이 바르게 읽었는지 점검하는 과정이 필요합니다.

또한 모든 글에 동일한 방식을 적용하는 것은 적절하지 않습니다. 문학 작품이나 철학적 에세이와 같이 함축적이고 다층적인 의미를 담은 글의 경우, 단순히 핵심어를 찾는 것만으로는 글의 진정한 의미를 파악하기 어려울 수 있습니다. 상징적인 단어는 다양한 의미를 포함하고 있어서 더 깊이 있는 읽기와 분석이 필요하니까요.

마지막으로 핵심어와 개념어를 통해 글의 내용을 완전히 이해했다고 단정 짓지 말아야 합니다. 이는 효율적인 읽기와 이해를 위한 도구일 뿐, 깊이 있는 이해와 비판적 사고를 대체할 수는 없습니다. 따라서 핵심어를 식별한 후에는 그것을 바탕으로 더 깊이 있게 생각하는 과정이 뒤따라야 합니다.

# 핵심어 찾기의 달인 되기

**다음 제시문을 읽고 글 속 중요한 단어를 찾아 표시해봅시다.**

(1)

군복 중에 위장복이라는 게 있어요. 동물의 보호색에서 영감을 얻은 옷이지요. 동물들은 보호색으로 자신을 지키는데요, 주변과 비슷한 색으로 몸의 색깔을 바꾸어 다른 동물들의 눈에 쉽게 띄지 않도록 한답니다. 대표적인 동물로는 카멜레온이 있어요. 북극여우와 눈토끼도 겨울철에 하얀 털로 갈아입어 눈 속에서 잘 보이지 않도록 하지요. 개구리 역시 주변 환경에 따라 녹색이나 갈색으로 몸 색깔을 바꾸어 자신을 숨긴답니다.

(2)

지금은 다양한 문화를 쉽게 보고 접할 수 있는 시대입니다. 그런데도 우리는 다른 낯선 문화를 접할 때, 나의 기준으로 쉽게 판단하는 경우가 있습니다. 이처럼 나의 기준을 판단 삼아 한쪽으로 치우친 생각을 하는 것을 편견이라고 합니다. 편견을 가지게 되면, 나와 다른 문화와 그 문화에 속한 사람들을 구분 짓고 다르게 대하게 됩니다. 이렇게 행동하는 것을 차별이라고 하고요.

우리는 알게 모르게 다른 문화 혹은 사람에 대해 편견을 갖고 차별을 할 때가 있습니다. 그러면 사람들은 서로 상처를 주게 되고, 나와 다른 문화를 배우고 공유하며 함께 어울려 살아가지 못하게 됩니다. 그러므로 우리는 편견을 가지거나 차별하지 않도록 주의해야 합니다.

(3)

연필, 책상 등과 같이 모양이 있고 공간을 차지하는 것을 물체라고 합니다. 물체는 나무, 철, 유리, 플라스틱 등으로 만들어졌습니다. 이와 같이 물체를 만드는 재료를 물질이라고 합니다.

여러 가지 물질은 투명한 성질, 단단한 성질, 물에 뜨거나 가라앉는 성질 등이 서로 다릅니다. 유리는 투명하지만 나무와 철은 투명하지 않습니다. 철은 나무나 플라스틱보다 단단합니다. 나무는 일반적으로 물에 뜹니다.

-초3-2, 과학 교과서(2022 개정 교육과정), 미래엔

# 사실과 의견 나누기로
# 비판력을 키워주세요

## 비판적 읽기는
## 감정적 읽기와 달라요

객관적 읽기에 관한 다양한 읽기 방법을 익혔다면, 이제 사고력과 분석력을 키워주는 끝판왕, 비판적 읽기를 다뤄볼까 합니다.

비판적 읽기의 핵심은 '사실'과 '의견'을 구분하는 것입니다. 의견은 작가의 주장으로, 옳고 그름을 판단하기 어렵습니다. 반면 사실은 주장을 뒷받침하는 근거로, 예시나 통계 자료 등이 여기에 해당합니다. 이러한 사실들은 글쓴이의 주장과 실제로 관련이 있는지 객관적으로 검토할 수 있습니다.

초등학교 4학년이 되면 본격적으로 '사실'과 '의견'을 나누는 훈련을 국어 시간에 하게 됩니다. 사실과 의견을 구분하고, 글쓴이의 의도나 목적을 파악한 후, 내용의 타당성, 신뢰성, 일관성을 확인하게 됩니다. 이를 통해 아이들은 비판력, 사고력, 문제해결력을 키울 수 있습니다.

이 훈련이 제대로 되어 있지 않은 아이들을 토론 시켜보면 상대가 어떤 의견을 제시했을 때 "네 의견은 틀렸어"라며 강한 부정부터 합니다. '하지만', '아니다'와 같은 표현도 많이 사용하지요. '비판'이라는 것이 상대의 의견에 반대하는 것이라고 착각하기 때문입니다. 하지만 비판하며 읽기는 '감정적으로 읽기'와는 다르다는 것을 기억해야 합니다.

## 기억해야 할 세 가지: 타당성, 공정성, 신뢰성

비판하면서 읽기를 할 때는 글에서 공감이 가거나 반박할 부분을 찾고, 주장을 뒷받침하는 내용이 타당한지, 공정한지, 신뢰할 수 있는지 등을 따져보면서 읽습니다.

내용의 타당성을 따지는 것이란, 자료가 글의 주장이나 설명에 적합한지, 필요한 형태로 필요한 위치에 필요한 수준으로 제시되고 있는지 살펴보는 것을 말합니다. 글쓴이가 제시한 글의 내용이 옳은지, 내용이 객관적인 사실에 입각한 것인지, 또 글쓴이의 주장, 의견, 정보 등이 옳은지 파악하면서 읽어야 합니다.

'운동은 건강에 좋다'라는 만고의 진리를 담은 글일지라도 그 주장이 어떤 근거로 뒷받침되는지 살펴봐야 합니다. 단순히 '운동은 건강에 좋다'라는 결론(주장)만 받아들일 게 아니라 객관적인 사실에 입각해서 주장을 하는 것인지 들여다볼 필요가 있다는 것이죠. 뒷받침하는 자료들이 타당하게 제시되어 있는지를 살펴봅니다.

내용의 공정성을 따진다는 것은, 글의 내용과 대상에 대해 취한 태도가 적절한지, 한쪽에 유리하게끔 누락하거나 왜곡한 내용은 없는지, 한쪽에 치우치지 않고 균형 있게 접근하고 있는지를 따져보는 것입니다.

무엇보다 내용의 공정성을 따진다는 건 글의 주제, 글쓴이의 관점과 태도와 관련하여 이것들이 객관적이고 균형 잡힌 시각을 갖추었는지를 따지며 읽는 걸 의미합니다. 따라서 글 속에 나타난 글쓴이의 가치관이 우리 사회가 보편적으로 추구하는 도덕과 윤리에 부합하는지도 따지면서 읽어야 합니다.

내용의 신뢰성을 따진다는 것은, 제시한 자료가 믿을 만한지, 객관적인 사실과 일치하는지, 출처가 명확하고 믿을 수 있는 곳인지, 인용 과정에서 왜곡은 없는지 살피는 것입니다.

우리가 인터넷에서 정보를 찾을 때도, 그 정보가 전문가나 공신력 있는 기관에서 제공한 것인지 확인하는 것이 중요하죠. 글도 마찬가지입니다. 최근 챗GPT를 활용해 토론 자료를 준비하는 친구들이 늘고 있는데요, 그때도 챗GPT가 제시한 자료가 신뢰할 수 있는지 반드시 검토를 해야 합니다.

비판적 읽기는 요약력과도 밀접하게 연관됩니다. '사실'과 '의견'을 나누는 과정에서 글의 핵심적인 내용을 파악해 간결하게 요약하고 이를 반박할 수 있기 때문입니다.

자, 위의 방법대로 한번 읽어볼까요?

오늘날 많은 어린이들이 TV, 유튜브, 인스타그램 같은 매체를 통해 다양한 정보를 접하고 있어요. 그중에는 화장법을 알려주는 영상도 많아요. 그래서 요즘 어린이들 사이에 화장에 관심을 가지는 친구들이 많아졌어요. 학교에서도 친구들끼리 화장품 이야기를 하거나, 서로의 화장을 칭찬하는 경우가 많죠. 그래서 어린 나이에 화장을 해도 되는지가 논란이 되기도 하지만 어린 나이의 화장은 긍정적인 면이 많습니다.

우선, 아이들의 자신감을 높여줍니다. 화장은 자신감을 높이는 데 도움이 될 수 있어요. 피부 트러블이 있는 친구들이 화장을 통해 피부를 깨끗해 보이게 하면 자신감이 생길 수 있습니다.

또한 화장은 자기표현의 한 방법입니다. 어린이도 자신을 자유롭게 표현할 자유가 있으므로 이를 억압해서는 안 됩니다.

마지막으로 어린이용 화장품은 안전하게 만들어졌다고 합니다. 피부과 전문의는 "어린이용 화장품은 성인용 화장품보다 피부에 자극이 적고 안전한 성분으로 만들어져 있으므로, 적절한 제품을 사용하면 건강에 큰 문제가 없다"고 했습니다.

따라서 어린 나이의 화장을 무조건 반대하는 건 옳지 않습니다.


이 글은 주장하는 글이며, 의견은 크게 세 가지입니다.

위의 글을 내용의 타당성, 공정성, 신뢰성을 바탕으로 평가해볼까요?

타당성은 글의 주장이 논리적이고 합리적인지 평가하는 것입니다. 이 글의 주장은 세 가지입니다. 각 주장을 살펴볼까요?

- 자신감을 높여준다: 화장이 자신감을 높일 수 있다는 주장은 논리적으로 타당합니다. 많은 사람들이 외모를 관리하고 꾸미는 것이 자신감을 높이는 데 도움이 된다고 느끼기 때문에, 피부가 깨끗해 보이도록 하는 것이 심리적인 효과를 줄 수 있다는 것은 타당한 주장입니다.

- 자기표현의 한 방법이다: 어린이도 자신을 표현할 자유가 있다는 주장은 기본적인 인권의 관점에서 타당합니다. 그러나 어린이의 자기표현 방식에 대한 사회적 규범이나 부모의 판단도 고려할 필요가 있습니다.

- 어린이용 화장품의 안전성: 어린이용 화장품이 성인용보다 자극이 적고 안전하다는 주장은 부분적으로 타당할 수 있습니다. 그러나 각 화장품의 성분과 사용 방법에 따라 다를 수 있으며, 모든 제품이 안전하다는 보장은 없습니다.

공정성은 글이 편향되지 않고 다양한 관점을 균형 있게 다루고 있는지를 평가하는 것입니다.

• 자신감을 높여준다: 자신감을 높일 수 있다는 점에 대한 논의는 긍정적인 측면을 강조하고 있으나, 화장이 모든 사람에게 자신감을 줄 수 있는 것은 아닙니다. 또한, 화장을 통해 자신감을 높이려는 접근이 과도할 경우 다른 심리적 문제를 유발할 수도 있습니다.

• 자기표현의 한 방법이다: 어린이의 자기표현의 자유를 인정하는 것은 공정하지만, 어린이의 화장이 적절한지에 대한 다양한 의견과 부모의 역할에 대한 고려가 부족합니다. 어린이의 연령, 성격, 사회적 맥락에 따라 달라질 수 있는 문제입니다.

• 어린이용 화장품의 안전성: 피부과 전문의 한 명의 의견만으로는 모든 제품의 안전성을 보장하기 어려운 점이 있습니다. 다양한 전문가의 의견과 연구 결과를 제시하고, 안전성이 검증되지 않은 해외 직구 제품들에 대한 전문가 의견도 들어보아야 공정성을 높일 수 있습니다.

신뢰성은 글의 내용이 믿을 만한 출처나 정보에 기반하고 있는지를 평가하는 것입니다. 신뢰성도 살펴보겠습니다.

• 자신감을 높여준다: 이 주장은 개인의 경험이나 심리적 효과를 기반으로 하고 있지만, 광범위한 연구나 통계적 데이터를 제시하지 않고 있습니다. 따라서 주장의 신뢰성을 높이기 위해서는 관련 연구나 실험 결과가 필요합니다.

• 자기표현의 한 방법이다: 이 주장은 일반적인 권리와 가치관을 반영하고 있지만, 구체적인 근거 자료가 없는 한 주장을 신뢰하기 어렵습니다.

• 어린이용 화장품의 안전성: 피부과 전문의의 의견은 신뢰할 수 있는 정보로 보이지만, 이는 특정한 연구 결과나 실험에 기반한 것이 아닐 수 있습니다. 제품의 구체적인 성분이나 연구 결과를 포함해야 신뢰성을 높일 수 있습니다.

따라서 이 글은 주장의 타당성 측면에서 어느 정도 근거가 있지만, 공정성과 신뢰성을 높이기 위해서는 구체적인 데이터나 연구 결과가 필요합니다. 어린이용 화장품의 안전성에 대한 주장을 더 신뢰할 수 있게 하려면, 보다 다양한 출처와 연구 결과를 참고하는 것이 좋습니다.

이렇게 비판적으로 글을 읽으면 내용을 정확하게 이해할 수 있을뿐더러 논리적 오류를 발견하는 힘을 키울 수 있습니다. 자료의 신뢰성을 검토하고 결론이 타당한지 확인하는 과정에서 장기 기억이 촉진됩니다. 단순히 내용을 이해하는 데서 끝나는 게 아니라 구조적으로 글을 기억할 수 있게 되죠. 문학 작품의 경우 작가의 의도, 시대적 배경, 등장인물의 심리 등도 함께 고려하게 되기 때문에, 작품의 내용과 의미를 더 깊이 이해하고 오래 기억할 수 있습니다.

일상생활에서도 '비판하며 읽기'는 도움이 됩니다. 친구가들은 소문이나 인터넷에서 본 정보를 그대로 받아들이지 않고, 그 정보의 출처와 신뢰성을 확인하는 습관을 들일 수 있어 주변에 휘둘리지 않게 됩니다.

# 사실과 의견 구분하기

1. 다음 문장들을 읽고 사실인지 의견인지 구분해보세요. 사실이면 '사실', 의견이면 '의견'이라고 써봅시다.

- 바나나는 노란색입니다. (　　)
- 초콜릿은 세상에서 가장 맛있는 음식입니다. (　　)
- 지구는 태양 주위를 돕니다. (　　)
- 축구가 야구보다 더 재미있는 운동입니다. (　　)

2. 다음 짧은 글을 읽고 글쓴이의 주장을 찾아 밑줄을 그어봅시다.

우리 학교 운동장은 너무 작아요. 더 넓은 운동장이 있으면 좋겠어요. 그러면 친구들과 더 재미있게 놀 수 있을 거예요.

3. 다음 글에서 근거 찾아봅시다.

강아지는 좋은 반려동물이에요. 강아지는 충실하고 사람을 잘 따라요. 또 산책을 함께 하면 건강에도 좋아요.

4. 다음 상황을 읽고 공정한지 생각해보세요. 공정하지 않다면 왜 그런지 근거를 들어 의견을 써봅시다.

선생님이 반 친구들에게 사탕을 나눠주셨어요. 하지만 앞자리에 앉은 친구들에게만 주셨어요.

5. 다음 정보들 중 어떤 것을 더 신뢰할 수 있을까요? 왜 그렇게 생각하는지 말해 봅시다.

- 친구가 "내일 비가 온대"라고 말했어요.
- 일기예보에서 "내일 비가 올 확률이 80%입니다"라고 했어요.

# 3

## 책 한 권도
## 다이어트가 되나요?

# 하루에도 몇 번씩이나 필요한 요약의 능력

우리 아이들의 일상을 한번 떠올려볼까요?

아침에 일어난 5학년 유진이는 핸드폰을 켭니다. 학교 단톡방에 올라온 오늘의 과제를 비롯해 친구들의 메시지, 좋아하는 게임 유튜버 최신 영상, 요즘 빠져 있는 아이돌 그룹의 일정이 한꺼번에 표시됩니다. 유진이는 정보를 훑어보며 중요한 내용을 골라냅니다. 그리고 아침을 먹으며 제일 먼저 해결하고 싶은 일부터 부모님께 요약해서 말합니다.

"아빠, 아이돌 그룹 ***가 8월 방학 때 콘서트 한대요. 예매가 6월 7일이라는데 해주실 수 있어요?"

"엄마, 다음 주 모둠 발표 때문에 아이들이 이번 주 금요일 오후에 모이자는데, 학원 좀 빼주세요."

이렇게 아침 밥상에서 유진이와 부모님은 한참 이야기를 주고받습니다.

학교에 간 유진이는 친구들에게 부모님과의 대화를 요약해서 전하겠지요.

"망했어. 아빠가 콘서트 보내줄 수 없대. 완전 짜증 나. 너무 슬퍼."

유진이는 상황뿐 아니라, 자신의 감정까지 정확하게 전달합니다.

"게다가 우리 금요일 오후에 모여서 발표 준비하기로 했잖아. 엄마가 그 시간은 빼기가 어렵다는데? 학원 선생님이 보충은 어렵다고 했대. 혹시 다른 시간은 안 될까?"

이제 유진이는 다른 친구들의 상황을 물어보고 취합하여 모임 시간을 다시 조정할 겁니다.

사회 시간에는 "우리나라 민주주의의 역사를 500자로 요약해서 써볼까요?"라는 선생님의 지시에 따라 지난주에 배운 민주주의 역사를 요약해서 쓴 뒤 제출합니다.

밤에는 오늘 하루를 되돌아보며 다이어리에 기록하거나 친구의 SNS에 멘션을 남기다 잠자리에 들겠죠.

이처럼 요약력은 초등학생 아이들에게도 순간순간 꼭 필요한, 중요한 능력입니다. 아이들은 어릴 때부터 정보를 빠르게 파악하고, 중요한 것을 선별하며, 효과적으로 전달하려고 애를 씁니다.

학교 교과 과정에서도 요약력은 중요한 위치를 차지합니다. 초등학교 3학년 때부터 국어 시간에 '내용 요약하기'를 배우기 시작해 다양한 활동에서 핵심적으로 다뤄지는 역량이죠. 요약은 단순히 책의 내용을 축소하는 게 아니라 통합적으로 전체 내용을 살피고, 주요 내용을 선별해 자신의 목소리로 재구성하는 사고의 과정입니다. 교육 과정에서는 아이들이 이 능력을 키울 수 있도록 지도합니다.

초등학교에서는 주로 동화나 짧은 이야기를 읽고 줄거리를 간단히 정리하는데요, 이를 통해 학생들은 이야기의 흐름을 파악하고 중요한 사건을 구별하는 능력을 기릅니다. 중학교에 올라가면 문학 작품뿐만 아니라 설명문이나 논설문 등 다양한 종류의 글을 요약하게 됩니다. 이 과정에서 학생들은 글의 구조를 이해하고 주제를 파악하는 능력을 키웁니다.

고등학교에서는 더 복잡하고 긴 텍스트를 다루게 되며, 요약의 수준도 높아집니다. 단순히 내용을 줄이는 것을 넘어 비판적 사고를 바탕으로 글의 의미를 재해석하고 자신의 의견을 덧붙이는 활동으로 발전합니다.

왜 이렇게 학교 교육 과정에서 요약력을 중요하게 다룰까요? 그 이유는 요약력이 문해력과 밀접한 연관이 있기 때문입니다. 글의 핵심을 파악하기 위해서는 전체 내용을 정확히 이해해야 합니다. 중요한 정보와 그렇지 않은 정보를 구별하고, 글의 구조를 파악하는 과정에서 분석적 사고력을 발휘하게 됩니다. 또한 표현력이 향상됩니다. 파악한 내용을 간결하고 명확하게 전달하는 과정에서 언어 표현 능력이 향상되죠. 마지막으로 학습의 효율성을 증대시킬 수 있습니다. 학습한 내용을 요약, 정리하면 이해도가 높아져 자연스럽게 암기가 됩니다.

특히 지문을 빠르고 정확하게 이해해야 하는 국어 영역에서, 요약 능력은 수험생에게 큰 힘이 되죠. 논술이나 면접에서도 자신의 생각을 간결하고 명확하게 전달할 수 있게 되고요.

따라서 책을 읽고 요약하는 훈련은, 아이들의 전반적인 학습 능력과 사고력을 향상시키는 중요한 활동이라고 할 수 있습니다. 이는 학교생활뿐만 아니라 향후 대학 입시와 사회생활에도 도움이 됩니다.

# 요약=줄이기?
# 요약=꿰뚫기!

그런데 대부분의 아이들은 책을 한 권 읽고 요약하라고 하면, 엄청난 과제라도 받은 것처럼 한숨을 쉽니다. 그 많은 내용을 어떻게 한 페이지로, 혹은 한두 문장으로 줄이냐는 것이죠. 아이들이 이렇게 엄두를 못 내는 이유는 요약을 그저 '줄이기'라고만 생각하기 때문입니다.

[요약=줄인다]

맞습니다. 요약은 줄이는 겁니다. 하지만 그냥 싹둑싹둑 잘라내는 게 아닙니다. 한 페이지로도, 세 줄로도, 한 문장으로도, 심지어 한 단어로도 책 한 권을 담아낼 수 있는 게 요약입니다.

[요약=본질 꿰뚫기=핵심 파악하기]

왜냐하면 요약은 본질을 꿰뚫고, 핵심을 파악하는 능력이니까요. 이 본질을 파악하는 힘, 그 능력을 아이들이 길러야 합니다. 이번 장에서는 책을 읽기 전, 읽기 중, 읽은 후로 나눠서 한 권의 책을 요약하는 방법을 익혀보도록 하겠습니다.

# 읽기의
# 내비게이션 켜기

책을 읽는 것은 정글을 탐험하는 것과 같습니다. 정글에서 길을 잃지 않으려면 지도가 필요하듯이, 책을 읽을 때도 전체적인 '지도'가 필요합니다.

책에서 '지도'란 무엇에 해당할까요? 바로 제목, 목차, 소제목, 서문, 작가의 말 등이 이에 해당합니다. 이것들을 먼저 살펴보면 책의 전체적인 내용과 구조를 파악할 수 있습니다. 마치 정글 탐험가가 출발 전에 지도를 보며 전체 경로를 검토하는 것과 같죠.

이렇게 책의 '지도'부터 보는 것은 여러 의미가 있습니다. 우선, 책이 다루는 주제, 즉 중심 소재를 파악할 수 있습니다. 이는 마치 정글 탐험에서 우리가 어떤 지역을 탐험하게 될지 확인하는 것과 같습니다.

다음으로 저자가 그 주제를 어떤 관점으로 바라보고 있는지, 즉 작가의 태도를 이해할 수 있습니다. 이는 탐험가가 그 지역에 어떻게 접근할지 방법을 찾는 것과 비슷합니다.

접근 방법을 찾았다면 책의 전반적인 내용을 살핍니다. 목차와 소제목으로 전체적인 내용을 미리 알아볼 수 있습니다. 이는 정글 탐험에서 여정을 미리 계획하는 것과 같습니다. 책이 핵심 내용을 어떤 순서로 어떻게 다루고 있는지 알고 나면 독서의 방향을 잡는 데 도움이 됩니다.

마지막으로 책에 쓰인 서문이나 '작가의 말'로 저자가 이 책을 쓴 이유를 파악합니다. 이는 탐험가가 그 정글을 탐험하려는 목적을 확인하는 것과 같습니다. 저자의 의도를 알면 책의 내용을 더 깊이 있게 이해할 수 있기 때문입니다.

이제 어떻게 하면 책의 전체 맥락과 큰 흐름을 파악할 수 있을지 자세히 알아볼까요?

# 책 표지로
# 어떤 탐험을 할지 파악해요

## 책의 첫인상을 나누는
## 표지 탐험

　　책을 선택하거나 처음 읽을 때 아이들과 '표지 탐험' 놀이를 해봅시다. '표지 탐험' 놀이란 책의 첫인상을 함께 나누는 것입니다. 책에 대한 아이의 호기심과 상상력을 자극해서 관찰력, 추론 능력, 그리고 요약력을 키워주는 흥미로운 방법이죠. 책을 처음 본 순간 그 책만이 지닌 재미와 매력을 포착하도록 돕기 때문에, 설사 내용이 좀 길거나 어려워도 중도에 포기하지 않게 만드는 효과가 있습니다.

그럼, 아이와 함께 책 표지부터 살펴볼까요?

책의 표지를 살필 때는 제일 먼저 표지 그림이나 분위기부터 살펴보는 게 좋습니다. 표지의 색깔, 글씨체, 전체적인 분위기 등을 자유롭게 이야기합니다.

"이 책의 표지 색깔은 어때?"
"글씨체를 보면 어떤 느낌이 들어?"
"전체적으로 밝아 보이니, 아니면 어두워 보이니?"

이러한 질문들은 아이가 책의 전반적인 분위기와 장르를 추측하게 합니다. 밝고 경쾌한 색감의 표지라면 유쾌한 이야기일 가능성이 높고, 어둡고 무거운 색감이라면 좀 더 진지한 내용일 거라고 예측해보는 거죠. 표지를 위에서 아래로, 혹은 왼쪽에서 오른쪽으로 살펴보며 아이가 꼼꼼하게 세부 요소를 관찰할 수 있도록 합니다.

《왠지 이상한 동물도감》이라는 책의 표지를 예로 들어볼까요?

아이들에게 이렇게 질문할 수 있습니다.

"중앙에 있는 동물이 오리너구리인가 봐. 아래에도 작게 그려
져 있네? 그림을 보니, 오리너구리는 어떤 동물일 것 같니?"
"왜 표지를 옥빛으로 했을까?"

이렇게 다양한 질문으로 글에서 다룰 소재, 주제, 글의 분
위기 등을 아이가 미리 예상해보도록 해주세요.
　　그림으로 아이의 흥미를 돋우었다면 이제 제목과 부제목
을 포함한 세부 내용을 하나하나 살펴보며 좀 더 깊이 들여다
봅시다.

"이 책의 제목은 뭐지?"

"이 책의 주인공은 누구일까?"

"이 책은 어떤 이야기로 보여?"

"오리너구리를 왜 '아주 많이 이상한 동물'이라고 했을까?"

"이전에 오리너구리라는 동물을 직접 보거나 들어본 적이 있니?"

아이들이 답을 했다면 이제 표지를 보고 떠올린 내용을 스스로 간단히 요약할 수 있도록 도와주세요. 지금까지 관찰하고 상상한 내용을 종합하여 이 책이 어떨지 한 문장으로 요약하는 것이죠.

☺ 학부모 : 이 책으로 무엇을 알게 될까?

☺ 학생 : 오리너구리에 관해서 알 수 있어요.

☺ 학부모 : 오리너구리의 무엇을 알 수 있을까? 표지를 좀 더 자세히 볼까?

☺ 학생 : 음, 오리너구리의 생김새, 사는 곳, 먹는 거 같은 걸 알게 될 것 같은데요.

이렇게 질문하며 책에서 다룰 내용이 무엇일지 구체적으로 좁혀 들어갑니다. 그렇게 되면 아이들 스스로 자연스럽게 요약하는 능력을 기를 수 있습니다.

## 표지 탐험으로
## 표현력을 향상시켜 주세요

표지를 보고 떠오르는 이야기를 아이가 직접 만들어보도록 하거나, 표지 그림을 따라 그리고 자신이 고른 색으로 채색하는 활동을 해볼 수도 있습니다. 이런 과정에서 아이는 자신만의 독특한 상상력을 발휘할 수 있습니다. 이는 추후 글쓰기나 창작 활동의 밑거름이 됩니다.

표지를 보며 자신이 관찰한 것, 상상한 것을 말로 표현하는 과정에서 자연스럽게 아이들의 어휘력이 늘고, 문장 구성의 완성도가 높아집니다. 부모님은 아이의 표현을 주의 깊게 들어주고, 때로는 더 적절한 단어나 표현을 제안하면서 아이의 언어 발달을 도울 수 있습니다.

'표지 탐험' 놀이는 책 읽기 전 단계만이 아니라, 다 읽은 후에도 할 수 있습니다. 책을 다 읽고 나서 표지를 다시 살펴보며, 처음에 상상했던 내용과 실제 내용을 비교해보는 것도 의미 있는 활동입니다. 자신의 추측이 얼마나 정확했는지, 어떤 점에서 차이가 있었는지 분석해서 새롭게 알게 된 내용을 재확인할 수 있고, 잘못 알고 있던 내용도 수정할 수 있습니다.

이 놀이는 책을 고르는 과정에서도 활용할 수 있습니다. 서점이나 도서관에서 여러 책의 표지를 살펴보며 아이가 책의 내용을 추측해보고, 읽고 싶은 책을 직접 골라보게 해주세요. 이런 경험이 쌓이면, 아이는 자신이 책을 선택하는 기준을 스스로 인지하게 됩니다. 자신의 취향을 발견하고 편향된 독서에서 벗어날 수도 있게 되죠.

무엇보다 부모와 아이가 '표지 탐험' 놀이로 서로의 생각을 나누고, 상상력을 공유하며, 때로는 웃고 즐기는 경험으로 책 읽기가 즐거운 활동이라는 인식을 심어줄 수 있습니다. 이러한 긍정적인 경험은 아이가 평생 책을 곁에 두고 읽는 독서가로 성장할 수 있는 발판이 됩니다.

# 표지 탐험하기

## 1. 관찰하기

- 책 제목 쓰기:
- 표지에 보이는 것들 나열하기(최소 5가지):

(1)

(2)

(3)

(4)

(5)

## 2. 표지 느낌 표현하기

- 표지 색깔과 느낌:

- 서체의 특징과 느낌:

- 일러스트 등 세부 요소의 느낌:

- 전체적인 분위기:

## 3. 상상하기

• 주인공은 누구일까요?

_____

• 이야기의 배경은 어디일까요?

_____

• 어떤 사건이 일어날 것 같나요?

_____

• 이 책의 장르는 무엇일 것 같나요?

_____


## 4. 요약하기_ 관찰하고 상상한 내용을 바탕으로 이 책에 대해 한 문장으로 요약해봅시다.

_____


## 5. 창작하기_ 표지를 보고 떠오르는 짧은 이야기를 5문장으로 만들어봅시다.

(1) _____

(2) _____

(3) _____

(4) _____

(5) _____

## 6. 비교하기(책을 다 읽은 후 작성)

- 실제 내용과 처음 상상한 내용의 비슷한 점:

- 실제 내용과 처음 상상한 내용의 다른 점:

- 가장 흥미로웠던 점:

## 7. 책 추천하기_ 이 책을 친구에게 추천한다면 어떻게 소개하고 싶나요? (30단어 이내)

## 8. 느낀 점_ 이 활동을 통해 새롭게 알게 된 점이나 재미있었던 점을 적어봅시다.

# 제목과 목차로
# 탐험 경로 정하기

## 제목은
## 책의 얼굴이에요

제목은 책의 얼굴과도 같습니다. 그래서 작가들은 제목에 작품의 분위기가 인상적으로 드러날 수 있도록 힘을 씁니다. 《엄마의 역사 편지》,《아낌없이 주는 나무》,《말꼬랑지 말꼬투리》 등 제목은 작가가 자신의 글에서 말하고픈 주제와 핵심 내용을 함축적으로, 상징적으로 담아냅니다.

따라서 '제목과 목차 탐험하기' 활동은 아이의 상상력을 자극하고, 책에 대한 흥미를 불러일으키는 동시에 핵심 내용을 파악해 아이의 요약 능력을 키우는 데 도움이 됩니다.

먼저, 책 제목에 대해 이야기해볼까요? 아이와 함께 책의 제목을 천천히 읽고, 아이의 의견을 묻습니다.

"제목을 보니 어떤 생각이 들어?"

아이는 떠오르는 대로 대답을 할 겁니다. 이때가 아이의 상상력이 펼쳐지는 순간입니다. 자신의 경험을 얘기할 수도 있고, 자신이 아는 지식을 말할 수도 있겠죠. 제목에서 연상되는 이야기를 따라간 끝에 엉뚱한 말을 할 수도 있고요. 하지만 엉뚱한 말을 했다고 나무라지 마세요. 아이는 이 과정에서 자신의 생각을 정리하고 표현하는 연습을 하는 거니까요.

만약, 《별을 사랑한 아이》라는 제목의 책을 골랐다면, 아이에게 이렇게 물어볼 수 있습니다.

"별을 사랑한다는 게 무슨 뜻일까?"
"아이는 왜 별을 사랑하게 되었을까?"
"이 책에서 어떤 이야기가 펼쳐질 것 같아?"

제목에 나온 핵심어들을 질문함으로써 아이는 자연스럽게 책의 이야기를 상상하고 예측할 수 있습니다.

## 목차를 보며
## 책에 서서히 빠져들기

제목에 대해 충분히 이야기를 나눴다면 이제 책장을 넘겨 목차로 넘어가 보겠습니다. 목차는 책의 전체적인 구조를 보여줍니다. 아이와 함께 목차를 읽을 때, 각 장의 제목에 주목합니다. 예를 들어《별을 사랑한 아이》의 목차가 다음과 같다고 해 보겠습니다.

1장: 밤하늘과의 첫 만남

2장: 망원경 선물

3장: 별자리 이야기

4장: 유성우의 밤

5장: 나의 작은 천문대

이 목차를 보면서 책에 어떤 내용이 나올 것 같은지 아이에게 물어보세요.

"1장에서는 어떤 내용이 나올까?"

"아이가 밤하늘을 처음 바라보는 이야기요"처럼 바로 대답할 수도 있지만 망설이는 아이도 있을 겁니다. 그럴 때는 구체적으로 답할 수 있도록 질문의 범위를 좁힙니다.

"1장에서 아이가 처음 만난 건 무엇일까?"

핵심어가 '밤하늘'과 '첫 만남' 두 개밖에 없으니 아마도 쉽게 '밤하늘'이라고 답할 수 있겠죠. 보통 질문에 답하기 어려워하는 아이들은 자신감이 없어서 그럴 수도 있고, 생각이 너무 많아서 망설여지는 것일 수도 있습니다. 혹은 질문의 의도를 파악하지 못해서 답하기 어려워하기도 하죠. 그럴 때는 질문의 범위를 좁혀서 답하는 연습을 시켜주세요. 아이도 질문에 답하는 걸 두려워하지 않게 됩니다.

"3장에서는 어떤 별자리 이야기가 나올까?"
"5장에서 아이는 어떻게 자기만의 천문대를 만들었을까?"
"천문대를 만들려면 무엇이 필요할까?"

위의 예시처럼 각 장의 내용을 예측할 수 있게끔 질문을 계속해주세요. 아이들은 답을 고민하며 글과 관련된 경험, 분위기, 자신이 봤던 것, 읽었던 것들을 총동원하며 책의 내용에 조금씩 빠져들게 됩니다.

목차를 다 읽고 나면 전체 이야기를 예측해서 간단히 말해보라고 해주세요. 이 과정에서 아이들은 요약 연습을 하게 됩니다. 아이가 말하면 주의 깊게 듣고, 이야기가 끝나면 "정말 재미있는 이야기겠다"라고 맞장구를 쳐줍니다. 만약 목차 중 빠진 부분이 있다면 다시 물어봐 주세요. "2장의 망원경 선물은 어떤 내용일까?"라고 놓친 부분을 다시 짚어줍니다.

이런 활동은 책 내용을 미리 요약해볼 뿐 아니라 긴 이야기의 구조도 익힐 수 있게 합니다. 책의 각 장마다 핵심이 있다는 것, 그리고 그 핵심이 이어져 하나의 글이 된다는 것을 알게 되죠. 또한 책의 전체적인 흐름을 파악하는 통찰력을 기를 수 있습니다. 이는 앞으로 학교 공부나 독서 활동에 든든한 바탕이 됩니다.


## 예측할수록 책이 재미있어져요

목차를 훑으며 작가가 책을 이끌어가는 방식이나 어조, 글의 전체 분위기를 짐작할 수도 있습니다. 또한 목차에 적힌 소제목들은 작가가 글에서 다룰 핵심 내용들을 긍정적이고 우호적으로 바라보는지, 혹은 부정적이거나 비판적으로 바라보고 있는지, 그 태도도 짐작하게 합니다.

책을 다 읽은 후에는 "우리가 처음에 생각했던 내용과 실제 내용이 어떻게 달랐어?"라고 아이에게 물어보세요. 아이는 자신의 예측과 실제를 비교하고 새롭게 알게 된 내용을 정리할 수 있고, 관점의 차이도 이해할 수 있게 됩니다.

　만약 제목이나 목차에 아이가 모르는 새로운 단어가 있다면 그 뜻을 정확하게 이해하고 넘어갈 수 있게 해주세요. 아이들 중에는 모르는 것을 묻지 않고 넘어가는 친구들이 있습니다. 그런 경우라면,

　"이 단어의 뜻을 알고 있니?"
　"이 단어를 들으면 어떤 느낌이 드니?"
　"어떤 경우에 이런 단어를 쓸까?"

　이렇게 물어봐 주세요. 그런 뒤 함께 사전을 검색해 단어의 정확한 뜻을 알아보는 거죠. 이때 다양한 예문도 같이 확인하는 것이 좋습니다. 단어의 뜻을 막연하게만 알고 있으면 자신의 생각을 명확하게 전달할 수 없습니다. 그 단어가 주로 어디에 어떻게 쓰이는지 활용까지 알아야, 적재적소에 정확히 사용하는 살아 있는 말이 됩니다.

　무엇보다 제목과 목차에 등장하는 어휘는 글에서도 중요하게 다뤄지는 핵심 개념이기에 뜻을 명확하게 알아야 내용을 이해하는 데 도움이 됩니다. 물론 그 과정에서 아이의 어휘력도 풍성해지겠죠.

제목과 목차 탐험은 책에 대한 기대감을 높이는 데도 큰 역할을 합니다. 아이가 책의 내용을 궁금해하고 흥미가 생기면, 독서에 대한 동기부여가 자연스럽게 이루어지니까요.

이 활동은 비단 책을 읽을 때뿐만 아니라 일상생활에서도 응용할 수 있습니다. 예를 들어, 영화를 보러 갈 때 포스터와 줄거리를 보고 영화의 내용을 예측해보거나, 요리를 할 때 레시피의 제목과 재료 목록을 보고 어떤 맛일지 상상해보는 것도 좋은 방법이에요. 이렇게 일상에서도 '예측하고 요약하기'를 연습하면, 아이의 사고력과 표현력을 자연스럽게 향상시킬 수 있습니다.

# 제목과 목차 탐험하기

## 1. 제목 탐구하기

- 책 제목 쓰기: _____
- 제목을 보고 떠오르는 생각 3가지를 적어보세요.

  (1) _____

  (2) _____

  (3) _____

- 이 책은 무엇에 관한 이야기일지 한 문장으로 적어보세요.

  _____

## 2. 목차 살펴보기

- 목차에 있는 장 제목들을 순서대로 적어보세요.

  1장: _____

  2장: _____

  3장: _____

  4장: _____

  5장: _____

• 각 장의 내용을 예측해보세요.

1장: _____

2장: _____

3장: _____

4장: _____

5장: _____


## 3. 이야기 흐름 상상하기_ 목차를 바탕으로 전체 이야기를 상상하고 5문장으로 요약해봅시다.

(1) _____

(2) _____

(3) _____

(4) _____

(5) _____


## 4. 핵심 단어 찾기_ 제목과 목차에서 중요해 보이는 단어 5개를 골라 뜻을 적어봅시다.

(1) _____

(2) _____

(3) _____

(4) _____

(5) _____

## 5. 질문 만들기_ 책 내용에 대해 궁금한 점 3가지를 질문으로 만들어봅시다.

(1) _____

(2) _____

(3) _____

## 6. 책 읽은 후 비교하기(나중에 작성)

• 처음 예측한 내용과 실제 내용의 비슷한 점:

_____

• 처음 예측한 내용과 실제 내용의 다른 점:

_____

• 가장 인상 깊었던 부분:

_____

**7. 나만의 목차 만들기_** 책의 내용을 바탕으로 나만의 새로운 목차를 만들어봅시다.

1장: _____

2장: _____

3장: _____

4장: _____

5장: _____

**8. 최종 요약_** 이 책의 전체 내용을 50단어 이내로 요약해봅시다.

_____

_____

_____

_____

_____

_____

_____

_____

# 서문, 숨겨진 보물을 찾기 위한 전조등을 밝혀라

## 저자와 직접 대화를 나눌 수 있는 공간

책을 읽기 전에 할 수 있는 또 다른 흥미로운 활동은 책 맨 앞에 나오는 '서문'이나 '작가의 말'을 탐험하는 것입니다. 이 활동은 아이들이 책의 숨겨진 보물, 즉 저자의 의도를 발견하고, 주제를 파악하고, 핵심을 정리하는 데 도움이 됩니다.

서문은 책의 입구와 같습니다. 저자가 독자와 직접 대화하는 공간이죠. 여기에서 저자는 책을 쓰게 된 계기, 책에 담긴 메시지, 독자에게 전하고 싶은 말 등을 솔직하게 털어놓습니다. 이를 통해 책의 내용을 더 깊이 이해할 수 있는 열쇠를 얻게 됩니다.

아이와 함께 서문을 읽을 때는, 마치 저자와 직접 대화를 나누는 것처럼 접근해보세요.

"작가 선생님이 우리에게 무슨 말을 하고 싶으신 걸까?"
"이 책을 쓰면서 어떤 생각을 하셨을까?"
"작가 선생님은 이 책을 읽고 우리가 무엇을 알 길/느끼길/행동 하길/바뀌길 기대했을까?"

등의 질문을 던져보는 겁니다. 아이가 작가의 입장에서 생각해볼 수 있도록 말이죠. 예를 들어, 환경 문제를 다룬 책의 서문에서 작가가 "우리 지구가 병들어 가고 있어요. 이 책을 읽고 여러분이 지구를 구하는 작은 영웅이 되길 바랍니다"라고 썼다면, 아이에게 이렇게 물어볼 수 있습니다.

"작가 선생님이 말씀하신 '지구가 병들어간다'는 게 무슨 뜻일까?"
"우리가 어떻게 지구를 구하는 영웅이 될 수 있지?"

이런 질문으로 책의 주제와 저자의 의도를 자연스럽게 파악할 수 있습니다. 서문에서 종종 저자의 개인적인 경험이나 책을 쓰게 된 동기도 찾아볼 수 있습니다. 이를 읽으며 아이는 글로 소통하는 방법을 배우게 됩니다. '작가가 어렸을 때 어떤 경험을 했는지', '그 경험이 이 책을 쓰는 데 어떤 영향을 줬을지'에 대해 아이와 함께 이야기해보세요. 아이가 책을 더 친근하게 느끼고, 내용에 호기심을 갖게 될 것입니다.

서문과 작가의 말을 간단히 요약하는 활동도 좋습니다. 만약 아이가 어려워한다면 부모님이 예를 들어주셔도 좋습니다.

"서문의 내용 중에 '지구를 사랑하는 마음'이 중요해 보이네. 그리고 '우리가 할 수 있는 작은 실천'에 대해서도 이야기하고 있지? 이 두 가지를 넣어서 한 문장으로 만들어볼까?"

이런 연습을 통해서 아이는 글 속 주제에 접근하고 자연스럽게 요약 연습을 할 수 있습니다.


## 어려워 보이는 책도
## 선뜻 도전하게 만드는 비결


서문으로 저자의 의도를 파악하고 요약하는 능력은 비단 책을 이해하는 데만 도움이 되는 것이 아닙니다. 일상생활에서 다른 사람의 말이나 행동의 의도를 파악하는 데에도 도움이 됩니다. 예를 들어, 친구가 한 말의 숨은 뜻을 파악하거나, 선생님의 수업 의도를 이해할 때가 그렇지요.

이런 활동을 반복하면, 아이는 점차 다른 글과 말에서도 '숨은 의도'를 찾아낼 수 있게 됩니다. 뉴스를 볼 때 "이 기사의 작성자는 어떤 의도로 이 내용을 전달하려고 했을까?", 광고를 볼 때 "이 광고의 제작자는 우리에게 무엇을 말하고 싶은 걸까?" 등의 질문을 스스로 던지며 추론 능력을 키울 수 있게 되죠.

또한 저자의 경험과 감정을 이해하려고 노력하는 과정에서 타인의 관점으로 세상을 보는 법을 배우고 공감 능력을 키울 수 있으며, 한편으로는 시각의 차이를 경험하며 비판적인 사고도 할 수 있게 됩니다.

간혹 책이 너무 길거나 내용이 생소해서 읽을 엄두가 안 나는 경우가 있죠. 역사, 정치, 경제 같은 비문학 책을 싫어하는 아이들에게는 특히 이 방법을 적극 추천합니다. 서문에서 책 전체 내용을 간략하게 요약하기 때문에 글의 주요 내용과 주제를 빠르게 파악할 수 있어서 중간에 길을 잃지 않고 끝까지 읽을 수 있으니까요.

결과적으로 '서문 탐험'을 통해 아이들은 책 한 권을 읽는 것이 그렇게 힘들고 지루한 일이 아니라는 경험을 할 수 있습니다. 책을 읽기 전 큰 그림을 먼저 그려 부담을 줄여주세요.

# 서문 탐구하기

## 1. 기본 정보

책 제목:

저자:

## 2. 서문 탐구하기

• 서문에서 가장 인상 깊은 문장을 옮겨 적어봅시다.

• 저자가 이 책을 쓰게 된 이유는 무엇인지 적어봅시다.

• 저자가 독자에게 전하고 싶은 주요 메시지는 무엇인지 적어봅시다.

## 3. 작가의 말 분석하기

• 저자의 어떤 경험이 이 책의 탄생에 영향을 주었는지 말해봅시다.

• 저자가 이 책을 통해 바꾸고 싶은 것은 무엇인지 이야기합시다.

## 4. 숨은 의도 찾기

• 저자가 직접적으로 말하지 않았지만 암시하는 내용을 말해봅시다.

• 이 책이 독자들의 어떤 생각이나 행동을 변화시키려 했는지 말해봅시다.

## 5. 감정 연결하기

- 서문을 읽으면서 어떤 감정이 들었는지 표현해봅시다.




- 저자의 어떤 말이나 경험에 가장 공감이 갔는지 적어봅시다.




## 6. 질문 만들기_ 서문을 읽고 생긴 궁금증을 3가지 질문으로 만들어봅시다.

(1)

(2)

(3)


## 7. 예측하기_ 서문을 바탕으로 이 책의 내용을 예측해봅시다.

## 8. 핵심 단어 찾기_ 서문에서 중요해 보이는 단어 5개를 찾아 적어봅시다.

(1) _____

(2) _____

(3) _____

(4) _____

(5) _____

## 9. 요약하기_ 서문의 핵심 내용을 3문장으로 요약해봅시다.

(1) _____

(2) _____

(3) _____

## 10. 독서 후 비교(책을 다 읽은 후 작성하세요)

• 처음 예상한 내용과 실제 책 내용은 얼마나 달랐는지 적어봅시다.

_____

_____

_____

_____

• 서문을 미리 읽은 것이 책을 이해하는 데 어떤 도움이 되었는지 적어
봅시다.

**11. 작가의 말 쓰기_** 이 책의 작가가 되어 작가의 말을 직접 써
봅시다.

**12. 느낀 점_** 이 활동을 통해 새롭게 알게 된 점이나 재미있었
던 점을 적어봅시다.

# 요약으로
# 메타인지 키우기

## 나의 생각에 대해
## 생각하기

'메타인지'라는 말을 들어보셨나요? 이는 우리 아이들의 학습에 매우 중요한 개념입니다. 쉽게 말해, 메타인지는 '자신의 생각에 대해 생각하는 능력'입니다. 예를 들어, 아이가 책을 읽다가 '아, 이 부분이 이해가 안 되는구나'라고 깨닫는 순간이 바로 메타인지를 사용하는 것입니다.

메타인지는 우리 머릿속의 작은 선생님과 같아요. 이 작은 선생님은 우리가 무엇을 알고 있는지, 무엇을 모르는지, 어떻게 하면 더 잘 이해할 수 있는지를 계속 점검해줍니다. 그래서 메타인지를 잘 활용하면, 아이들은 더 효과적으로 공부할 수 있고, 책의 내용도 더 잘 이해할 수 있게 됩니다.

전 세계 교육 전문가들도 메타인지의 중요성을 인정하고 있습니다. 국제기구 OECD는 메타인지를 미래 교육에서 아이들이 꼭 갖춰야 할 능력으로 꼽습니다.

'요약'은 메타인지를 기르는 좋은 방법 중 하나입니다. 책을 읽기 전에 그 책의 주제에 대해 자신이 알고 있는 것들을 정리해 메타인지를 자극할 수 있습니다. 책을 읽으면서 자신이 알고 있던 것과 책의 내용을 비교하기 때문이죠.

이 과정에서 아이들은 자연스럽게 자신의 지식을 바탕으로, 새로운 지식을 더 잘 이해하고 기억할 수 있게 됩니다. 이것이 바로 메타인지를 활용한 학습법입니다.

## 책 읽기가 수월해지는 메타인지와 요약의 힘!

메타인지와 요약은 서로 밀접하게 연관돼 마치 톱니바퀴처럼 맞물려 돌아갑니다. 요약을 하는 과정에서 메타인지가 강화되고, 동시에 강화된 메타인지가 더 나은 요약을 가능하게 합니다.

요약할 때, 우리는 자연스럽게 "이 내용을 제대로 이해했나?" 하고 스스로에게 묻습니다. 이는 자기 점검의 과정으로, 메타인지의 핵심 요소입니다.

또한 요약을 하기 위해 중요한 정보와 그렇지 않은 정보를 구분하는 과정에서 '이 정보가 왜 중요한가?', '이 부분은 전체 내용과 어떤 관련이 있는가?'와 같은 질문을 하게 되는데요, 이러한 사고 과정은 메타인지적 사고를 촉진합니다.

실제로 아이에게 "오늘 읽은 책의 내용을 세 문장으로 요약해볼까?"라고 물어보면, 아이는 요약하려 노력하는 과정에서 메타인지적 사고를 할 수밖에 없습니다.

"어떤 부분이 가장 중요했지?"
"어떻게 하면 이 복잡한 내용을 간단하게 설명할 수 있을까?"
"이 내용이 어떤 맥락으로 연결되고 있지?"
"내가 이 내용을 제대로 이해한 걸까?"

등의 질문을 스스로에게 던지게 되죠. 이러한 질문들로 자신이 아는 내용을 점검하고, 부족한 내용을 정리하며 메타인지를 기르게 됩니다.

물론 요약할 때, 어떤 부분은 쉽지만 어떤 부분은 어려울 수 있습니다. 이해가 잘된 부분도 있고, 그렇지 못한 부분도 있을 테니까요. 죽 읽기만 해서는 내가 아는지 모르는지 확인할 수 없던 부분을 요약으로 깨달을 수 있습니다. 이해의 폭과 깊이를 인식하는 메타인지가 작동하는 거죠.

만약 요약이 어렵다면 왜 어려운 건지, 무엇을 제대로 파악하지 못한 건지 다시 내용을 살펴보고, 놓친 부분이나 이해하지 못한 부분을 정리하게 됩니다. 혹시 내용 이해를 위해 다른 학습적인 부분이 필요하다면 다른 책이나 자료를 찾아보는 방식으로 자신만의 독서 아카이브를 만들게 되기도 하고요.

이때 부모님의 역할이 중요합니다. 아이가 요약을 할 때, "이 부분이 왜 중요하다고 생각했니?", "이 내용을 친구한테 설명한다면 어떻게 말할 거야?", "책의 어떤 부분이 가장 이해하기 어려웠어?"와 같은 질문을 해주세요. 이런 질문들은 아이가 자신의 사고 과정을 더 깊이 들여다보게 만들어, 메타인지 능력을 깨웁니다.

결국 요약은 자신의 이해를 점검하고, 중요한 정보를 선별하며, 자신의 학습 과정을 돌아보는 복합적인 인지 활동입니다. 이 과정에서 메타인지가 자연스럽게 향상되며, 향상된 메타인지는 다시 더 나은 요약을 가능하게 하는 선순환을 만듭니다. 이렇게 요약과 메타인지는 서로를 강화하며, 아이의 학습 능력을 크게 향상시키는 데 기여합니다.

이제 우리 아이들과 함께 메타인지와 요약력을 키우는 흥미로운 활동을 시작해보겠습니다.

 ## 질문 만들기

아이에게 책의 제목과 표지를 보여주고, 책의 내용에 대해 궁금한 점을 질문으로 만들어보게 합니다. 예를 들어 "주인공은 어떤 모험을 하게 될까?", "이야기는 어떻게 끝날까?" 등의 질문을 만들 수 있습니다. 이 활동은 아이가 책의 내용을 예측하고, 자신의 호기심을 구체화하는 데 도움이 됩니다. 백희나 작가의《구름빵》으로 예를 들어보겠습니다.

**"구름으로 빵을 만들 수 있을까?"**
이렇게 중심 소재에 관한 질문으로 아이의 상상력을 자극할 수 있습니다. 현실에서는 불가능하지만, 동화 속에서는 어떻게 가능할지 궁금해지고 흥미가 생기겠지요.

**"구름빵을 먹으면 어떤 일이 일어날까?"**
이 질문으로 책의 핵심 소재인 '구름빵'의 효능이 궁금해집니다. 구름빵을 먹으면 어떤 환상적인 일이 벌어질지, 그 효능을 기대하게 되죠.

"주인공이 어떤 모험을 할까?"

주인공의 모험이 어떤 식으로 펼쳐질지 상상해보면서, 아이는 이야기의 구조에 관심을 기울이고 어떤 식으로 이야기가 전개될지 예측하게 됩니다.

이런 다양한 질문으로 아이는 책을 읽기 전부터 내용을 예측하고, 중요한 요소들에 주목하게 됩니다. 이는 요약의 첫 단계라고 할 수 있습니다.

# 배경 지식 활성화하기

'배경 지식 활성화하기'는 아이가 책을 읽기 전에 자신이 알고 있는 것들을 떠올리게 하는 활동입니다. 이는 메타인지를 자극하는 중요한 작업이에요. 아이가 자신이 무엇을 알고 있는지 인식하는 것, 바로 이것이 메타인지의 시작이거든요.

예를 들어, 바다에 관한 책을 읽기 전에 이런 식으로 자극할 수 있습니다.

"바다에 가본 적이 있니? 어땠어?"

"바다에 사는 동물들 중에 무엇을 아니?"

"바닷물은 짜다는 걸 알고 있니? 왜 바닷물은 짤까?"

이런 질문들은 아이가 자신의 경험과 지식을 떠올리게 해줍니다. 이것이 바로 '요약'의 첫 단계예요. 아이가 자신이 알고 있는 것들을 간단히 요약하여 답하면, 부모는 이렇게 말해줄 수 있습니다.

"와, 바다에 대해 이미 많이 알고 있구나! 지금부터 우리가 읽을 책에는 이런 내용도 나올 수 있고, 또 새로운 내용도 있을 거야. 책을 읽으면서 네가 알고 있는 것과 새로 배우는 것을 비교해보자."

이렇게 아이는 자신의 지식을 정리(요약)하고, 새로운 정보와 연결할 준비를 하게 됩니다. 이는 메타인지를 활용해 더 효과적으로 학습하는 방법입니다.

책을 다 읽은 후에는 이렇게 물어볼 수 있습니다.

"책에서 읽은 내용 중에 네가 이미 알고 있던 것은 뭐였어?"

"새롭게 알게 된 사실은 무엇이니?"

"처음에 네가 생각했던 것과 다른 점이 있었니?"

이런 질문들은 아이가 자신의 학습 과정을 되돌아보고 정리(요약)하는 데 도움을 줍니다. 이런 방식으로 책을 읽으면, 아이는 단순히 정보를 받아들이는 게 아니라, 자신의 지식을 확장하고 재구성하는 능동적인 독자가 됩니다. 이는 더 깊이 있는 이해와 오래 기억되는 학습으로 이어집니다.

# 읽기 목적 설정하기

아이와 함께 책을 읽기 전에 "왜 이 책을 읽을까?"라는 질문으로 시작해보세요. 이는 메타인지의 첫 단계로, 아이가 자신의 학습 과정을 인식하게 돕습니다.

예를 들어 "이 책에서 무엇을 알고 싶니?"라고 아이의 관심을 물어보세요. 아이가 "공룡에 대해 더 알고 싶어요"라고 대답한다면, 이를 더 구체화하도록 이끌어주세요.

> ☻ 질문자 : "공룡의 무엇을 알고 싶은데?"
> ☻ 아이 : "먹고, 자고 뭐 그런 거요."
> ☻ 질문자 : "그래. 먹고 자는 걸 생활방식이라고 하지. 동물의 생활방식을 알고 싶은 거구나."

이제 아이의 읽기 목적을 요약해서 적습니다.

**읽기 목적 : 공룡의 생활방식 알아보기.**

아이들마다 책에서 가장 궁금한 점은 다르겠지요. 어떤 아이는 '공룡이 어떻게 멸종했는지'가 궁금하다고 답할 수도 있습니다. 무엇을 알고 싶은지 목적을 정하면 그게 바로 책을 읽는 동기가 돼 자연스럽게 메타인지를 활용하게 됩니다. 책을 읽으며 자신이 궁금했던 부분에 특히 집중하면서 지식을 확장하고, 나름의 지식 기반을 만들 수 있습니다.

읽기가 끝난 후에는 아이와 함께 처음에 세운 목적을 다시 확인합니다. "공룡에 대해 새로 알게 된 게 있니?"라고 물어보면 아이는 자연스럽게 책의 내용을 요약합니다. 이 과정에서 무엇을 배웠는지 스스로 파악할 수 있습니다.

이런 방식으로 읽기 목적을 설정하고 확인하는 과정은 아이의 메타인지 능력과 요약 능력을 동시에 향상시키죠. 아이는 자신의 학습 과정을 인식하고 설계하는 법을 배우며, 동시에 중요한 정보를 추려내어 간단히 정리하는 요약력도 기르게 됩니다.

먼저, 책의 첫 부분이나 한 단락, 또는 한 페이지 정도를 아이와 함께 읽고 질문합니다.

"지금까지 읽은 내용을 간단하게 말해볼까?"

읽은 내용이 짧아서 아이들이 수월하게 요약 연습을 할 수 있거든요. 그다음, "이제 어떤 일이 일어날 것 같아?"라고 물어봅니다. 이 질문은 아이의 상상력을 자극하고, 지금까지 읽은 내용을 바탕으로 앞으로의 이야기를 예측하게 합니다. 이 과정에서 아이는 자연스럽게 자신의 생각을 점검하면서 메타인지를 활용하게 됩니다.

예를 들어 "토끼가 숲속에서 길을 잃었어. 이제 어떻게 될까?"라고 물어보면, 아이는 자신이 알고 있는 정보(토끼가 길을 잃었다는 사실)와 자신의 경험이나 상상력을 바탕으로 예측을 하게 됩니다. 예측하려면 지금까지의 내용을 잘 이해하고 있어야 하겠죠.

이렇게 예측한 후에는 "왜 그렇게 생각했어?"라고 물어보세요. 이 질문으로 아이는 자신이 왜 그렇게 생각했는지 그 과정을 설명하게 됩니다. 그리고 계속 읽어나가면서 아이의 예측이 맞았는지 확인합니다. 맞든 틀리든 상관없어요. 중요한 건 아이가 자신의 생각을 점검하고, 실제 이야기와 비교해볼 수 있다는 거죠.

이런 활동으로, 아이는 책을 읽으면서 자동으로 "다음에는 무슨 일이 일어날까?", "왜 이렇게 됐을까?" 하고 생각하는 습관이 생깁니다.

## 핵심 응축하기 활동

아이에게 요약의 중요성을 설명할 때, 이렇게 이야기해줄 수 있습니다.

"우리가 책을 읽은 후에 그 내용을 모두 기억하기는 어려워. 하지만 책의 중요한 부분만 잘 기억하면, 나중에 그 책에 대해 이야기할 때 큰 도움이 돼. 이걸 '요약'이라고 해."

그러고서 다음처럼 질문하면, 아이가 요약을 한결 쉽게 적용할 수 있을 거예요.

"만약 네가 이 책을 읽고 난 후, 친한 친구에게 이 이야기를 들려준다면 어떻게 소개할 거니?"

이 질문은 아이로 하여금 자신이 읽은 내용을 돌아보게 만듭니다. '이 책에서 내가 무엇을 읽었지?', '어떤 부분이 가장 중요했지?', '친구에게 어떻게 설명하면 이해하기 쉬울까?' 등을 생각하며 메타인지를 사용하게 됩니다.

요약을 연습하는 좋은 방법 중 하나는 책을 읽으면서 각장이 끝날 때마다 잠깐 멈추고 "지금까지 읽은 내용 중에서 가장 중요한 부분은 뭘까?" 하며 스스로 묻고 정리해보는 것입니다. 이를 어려워한다면 다음과 같은 방법으로 도전해보세요.

### 1. '세 단어 요약하기' 게임

아이에게 책의 내용을 딱 세 단어로만 표현하라고 해보세요. 예를 들어 백설공주 이야기라면 '사과', '공주', '난쟁이'로 요약할 수 있겠죠. 이 게임은 아이가 가장 중요한 키워드를 빠르게 파악하는 능력을 키워줍니다. 또한 함축적으로 핵심을 전달하는 연습을 하게 해주죠. 아이들에게 글을 다 쓴 후 제목을 붙이라고 하면 굉장히 어려워합니다. 핵심어를 못 찾기 때문인데요, 세 단어 요약하기를 꾸준히 연습하면 자신의 생각을 명확하고 강렬하게 표현하는 데 도움이 됩니다.

### 2. 신문 헤드라인 만들기

아이에게 책의 내용을 신문 헤드라인처럼 짧고 강렬하게 표현해보도록 하세요. 예를 들어 애니메이션 영화 〈슈렉〉이라면 어떻게 표현할 수 있을까요? 보통 주인공이 변신할 때면 더 예뻐지거나 아름다워지게 마련인데, 피오나 공주는 '슈렉'처럼 못생겨집니다. 고정관념을 비튼 영화의 주제를 잘 생각해보고,

적절한 어휘를 찾아 헤드라인을 달아보는 겁니다. '피오나 공주의 변신, 저주인가? 축복인가?' 이런 식으로, 저마다 아이디어를 내서 멋진 헤드라인을 완성할 수 있습니다. 표현력도 기르고 단어의 맛도 알아가는 활동이 될 거예요.

### 3. 책 광고 만들기

아이에게 자신이 읽은 책을 바탕으로 다른 친구들에게 소개하는 짧은 광고를 만들어보도록 합니다. 책의 가장 흥미로운 부분, 재미있는 부분, 중요한 부분을 선별하면서 표현력을 키울 수 있습니다. 다음과 같은 양식을 사용하면 아이들이 더 즐겁게 요약할 수 있습니다.

중요한 것은 이 과정이 재미있고 즐거워야 한다는 점입니다. 요약하는 과정이 부담스러운 숙제가 아니라 재미있는 게임이나 놀이처럼 느껴지도록 해주세요.

# 독서일지 작성하기

독서일지는 아이들의 메타인지와 요약력을 향상시킬 수 있는 훌륭한 도구입니다. 일지를 통해 아이들은 자신의 독서 과정을 돌아보고, 책의 내용을 정리하며 더 깊이 있는 사고를 할 수 있습니다.

　메타인지 관점에서 독서일지는 중요한 역할을 합니다. 우선, 아이들은 독서일지를 쓰면서 자신이 얼마나 이해했는지, 어떤 부분이 어려웠는지를 스스로 확인할 수 있습니다. 또한 어려웠던 부분을 기록하면서 관련된 내용을 더 알아보고 보완할 방법을 생각하게 되어 학습 전략을 개선하는 데 도움이 됩니다. 물론 중요한 내용을 적으면 더 오래 기억할 수 있게 되는 효과도 있지요.

　독서일지에는 어떤 내용을 담으면 좋을까요? 날짜와 책 제목, 읽은 페이지 수를 적는 것으로 시작하여, 그날 읽은 내용을 한 문장으로 요약하여 적습니다. 또한 가장 기억에 남는 문장을 옮겨 적고, 새로 알게 된 점을 정리합니다. 새롭게 알게 된 사실이나 개념을 자신의 말로 설명하는 연습은 아이들의 이해도를 높이고 핵심을 파악하는 능력을 키워줍니다.

　궁금한 점도 적어두면 나중에 찾아보거나 질문할 수 있지요. 책 내용에 대한 자신의 의견이나 느낌을 자유롭게 써보는 것도 좋습니다. 자신만의 방식으로 무지 노트에 만들어도 좋고, 코넬 노트를 활용할 수도 있고, 시중에 나와 있는 독서 노트를 사용하는 것도 방법입니다.

　독서 일지를 쓰는 습관은 아이들이 자신의 생각을 정리하

| 작가 | | 책 제목 | | 출판사 | |
|------|---|--------|---|--------|---|
| 주제 | | | | | |
| 광고 콘셉트 | | | | | |
| 광고 전체 내용 | | | | | |

| 주요장면(그림으로) | 장면 설명 | 자막 |
|--------------------|-----------|------|
| | | |
| | | |
| | | |
| | | |

는 데 도움이 되며, 나중에 책 내용을 다시 떠올릴 때도 유용하게 활용할 수 있습니다. 아이와 함께 한 권의 책으로 묶어서 한 학년이 끝날 무렵에는 자신만의 지식 도서관을 만들어주세요. 이후 지식의 연장선에서 자신만의 색깔과 의견을 낼 수 있는 유용한 자료가 되니까요.

# 메타인지를 활용한 독서 활동

## 1. 질문 만들기 게임

- 책 제목: _____

- 이 책에 대해 궁금한 점 3가지를 적어봅시다.

  (1) _____
  (2) _____
  (3) _____

## 2. 배경 지식 활성화하기

- 이 책의 주제는 무엇인가요?

  _____

- 이 주제에 대해 내가 알고 있는 것 3가지를 적어봅시다.

  (1) _____
  (2) _____
  (3) _____

### 3. 읽기 목적 설정하기

• 이 책을 통해 배우고 싶은 것:

• 가장 궁금한 점:

### 4. 예측하며 읽기 연습_ 책의 첫 문장을 읽고 다음에 어떤 일이 일어날지 예측해봅시다.

### 5. 요약의 중요성 인식하기_ 이 책을 친구에게 소개한다면 어떻게 말할지 말해봅시다. (2-3문장으로)

## 6. 독서 일지 쓰기

● 독서 일지의 예1

날짜: _____

책 제목: _____

오늘 읽은 페이지:

_____ 페이지부터 _____ 페이지까지

인상 깊은 문장

_____

_____

_____

새로 알게 된 점:

_____

_____

_____

● 독서 일지의 예2

| 읽은 날짜: 월 일 | 책 제목 | |
|---|---|---|
| 책 읽기 전 느낌 | | |
| 책 읽으면서 알게 된 점 | | |
| 책을 읽은 후 달라진 점 | | |

# 독서 일지의 예3

| 도서명 | | 독서 기간 | |
|---|---|---|---|
| 저자명 | | 작성 일자 | |

| 읽게 된 동기 | |
|---|---|

| 읽기 전 궁금했던 점 | 읽은 후 알게 된 점 |
|---|---|
| · | · |
| · | · |
| · | · |
| · | · |
| · | · |

| 인상 깊었던 장면/대목 | | 인상 깊었던 이유 | |
|---|---|---|---|
| 줄거리 | | | |
| 친구에게 권하는 말 | | | |

# 요약력을 높여주는
# 삼색 펜 활용법

아이들에게 중요한 부분에 형광펜이나 볼펜으로 밑줄을 쳐서 가져오라고 숙제를 내면, 모든 글자에 밑줄을 치는 경우가 흔히 있습니다. 단순히 글자를 따라 읽어서 생긴 현상인데요, 이렇게 눈으로만 읽었을 때는 의미와 내용을 제대로 파악하지 못하는 경우가 종종 발생합니다. 뇌가 눈의 속도를 따라가지 못하기 때문이죠.

[밑줄을 친다는 것 = 각 내용의 관계를 파악하고
이해하고 기억하는 것]

밑줄을 치면서 읽는다는 건 문장이나 단어들의 관계를 파악하며 글이 어떻게 전개되고 있는지, 핵심 내용은 무엇인지를 파악하라는 의미입니다. 하지만 독해가 서툰 아이들의 경우, 그냥 얼음 위에서 컬링하듯 눈길 가는 대로 책에 밑줄을 죽죽 칩니다.

이를 교정하는 효과적인 방법 바로 색깔 펜을 활용하는 것입니다. 아이들의 시각적 기억력을 자극하고, 중요한 정보를 쉽게 구분할 수 있게 해주거든요. 삼색 펜 독서법으로 아이들은 책을 재미있게 읽으면서도 핵심을 놓치지 않고 요약하는 능력을 기를 수 있습니다.

## 삼색 펜으로
## 생각 지도 그리기

먼저, 빨간색 펜부터 역할을 정합니다. 빨간색 펜은 아주 중요한 일을 맡을 겁니다. 내용 가운데 가장 중요한 정보, 즉 이야기의 핵심이 되는 내용을 표시할 때 사용하면 좋습니다. 예를 들어, 주인공의 이름이나 이야기의 가장 중요한 사건 같은 것들이죠. 빨간색은 신호등의 '멈춤'처럼 우리의 눈길을 확 끌어당기는 색이니까요. 그래서 나중에 책을 다시 펼쳤을 때, 빨간색으로 표시한 부분만 읽어도 이야기의 중심 내용을 쉽게 기억할 수 있도록 표시하는 겁니다.

다음은 파란색 펜. 파란색 펜은 중요한 세부 사항이나 예시를 표시할 때 사용합니다. 파란색은 하늘이나 바다처럼 넓고 깊은 색이에요. 그래서 이야기를 더 풍부하게 만들어주는 세부적인 내용들은 파란색으로 표시하도록 합니다.

마지막으로 초록색 펜. 초록색 펜은 특별한 일을 시켜봅니다. 책을 읽으면서 처음 알게 된 재미있는 사실이나, 특별히 흥미롭다고 느낀 부분을 표시합니다. 새싹이 돋아나는 것처럼 새로운 지식이 자라난다는 의미를 담아서요.

여기서는 기본적인 색으로 역할을 정해보았지만, 아이들마다 좋아하는 색깔이 다르므로 어떤 색에 어떤 역할을 맡길 것인지는 스스로 정해도 좋겠습니다. 책이 빌린 것이 아니라 본인 것이라면, 삼색 펜으로 책의 여백에 간단한 메모를 하는 것도 좋습니다. 예를 들어, 모르는 단어가 나오면 초록색으로 동그라미를 치고 의미를 적어둘 수 있습니다. 또한, 각 단락이나 장을 읽은 후, 그 부분의 핵심 문장을 찾아 빨간색으로 표시하면 나중에 요약할 때 도움이 됩니다.

삼색 펜을 활용하는 몇 가지 방법을 더 알아볼까요?

# 삼색 펜으로
# 요약 노트 만들기

책을 다 읽고 나면, 색깔별로 표시한 내용을 바탕으로 요약 노트를 만들어봅시다. 빨간색은 주요 아이디어, 파란색은 세부 사항, 초록색은 새롭게 알게 된 점을 적어 넣습니다. 이렇게 정리하면 이후 메타인지를 활용해 지식을 확장할 수 있습니다.

| 책 제목 | | |
|---|---|---|
| 빨간색 | 파란색 | 초록색 |
| • | • | • |
| • | • | • |
| • | • | • |
| • | • | • |
| • | • | • |
| • | • | • |
| • | • | • |
| • | • | • |
| • | • | • |

요약 노트를 작성한 후에는 재미있는 게임을 해볼 수도 있습니다. 각 색깔을 보고 그 색깔로 표시했던 내용을 떠올려보는 것이죠. 여럿이 참여해서, 가장 많은 내용을 떠올리는 사람이 승리하는 게임을 해봅시다. 기억력 향상에 도움이 되는 것은 물론이고, 항목을 논리적으로 분류하는 훈련으로도 좋습니다.

## 삼색 펜 독서법의 주의점

삼색 펜 독서법은 여러 모로 유용하지만 이 방법을 처음 시도하는 아이들은 혼란스러울 수도 있으므로, 단계적으로 접근하는 것이 좋습니다. 처음에는 한 가지 색(빨간색)으로 시작하여 가장 중요한 정보만 표시하도록 합니다. 여기에 익숙해지면 색을 하나 더(파란색) 추가하여 중요도에 따라 구분하도록 합니다. 그리고 마지막으로 세 가지 색을 모두 사용하여 다양한 정보를 구분하는 단계로 나아갑니다. 이렇게 단계적으로 접근하면 아이가 부담 없이 삼색 펜 활용법을 익힐 수 있습니다.

또 삼색 펜을 사용할 때 주의해야 할 점도 있습니다. 과도하게 표시하면 오히려 핵심을 파악하기 어려울 수 있습니다. 따라서 한 페이지에 두세 개 정도만 표시하도록 지도해주세요. 또한, 책을 훼손하지 않도록 주의해야 합니다. 특히 빌린 책이라면, 펜 대신 포스트잇을 활용하는 방법으로 대신할 수 있습니다. 물론 반납할 때는 모두 떼어야겠죠?

삼색 펜 독서법은 학년이 높아질수록 진가를 발휘합니다. 독후록을 써서 담당 교사에게 제출할 일이 많아지고, 그 내용은 생활기록부 속 과목별 세부능력 및 특기사항에 교과 연계 활동으로 기록되기 때문입니다. 색깔 펜을 이용하여 독서일지를 작성하는 습관을 들이면 나중에 다시 볼 때 한눈에 내용과 구조가 들어오기 때문에 큰 도움이 됩니다.

자, 이제 우리 함께 마법 펜을 가지고 책 속 모험을 떠나볼까요? 아이와 함께 색깔 코드를 정하고, 왜 그렇게 구분하는지 이야기를 나눠보세요.

# 삼색 펜 독서법 실천하기

### 1단계) 나만의 색깔 코드 만들기

- 빨간색은:
- 파란색은:
- 초록색은:

### 2단계) 책 선택하기

오늘 읽을 책 제목:

작가:

### 3단계) 천천히 읽기 연습_ 첫 문단을 천천히 읽고, 중요한 부분에 자신이 원하는 색을 이용해 밑줄을 그어봅시다.

### 4단계) 핵심 단어 찾기_ 자신이 읽은 페이지에서 가장 중요한 단어 3개를 찾아 빨간색으로 동그라미를 쳐봅시다.

**5단계) 여백에 메모하기_** 모르는 단어가 나오면 초록색으로
동그라미를 치고 뜻을 적어봅시다.

　　**새로운 단어:**

　　**뜻:**


**6단계) 핵심 문장 찾기_** 이 장의 가장 중요한 문장을 찾아 빨
간색으로 밑줄을 그어 봅시다.


**7단계) 그림으로 표현하기_** 방금 읽은 내용을 간단한 그림으
로 그려보세요. 삼색 펜을 사용하세요!

**8단계) 질문 만들기_** 읽으면서 궁금한 점을 파란색으로 적어

봅시다.

    (1)

    (2)

    (3)


**9단계) 색깔별 요약 노트 작성하기**

   • 빨간색(중요한 내용)




   • 파란색(중요한 세부사항)

• 초록색(새롭게 알게 된 점):

_____

_____

_____

_____

**10단계) 색깔 연상 게임_** 책을 덮고 각 색깔을 보면서 기억나는 내용을 말해봅시다.

**11단계) 색깔 북마크 만들기_** 책에서 각 색깔에 해당하는 중요한 부분을 찾아 색깔 북마크를 만들어 꽂아둡시다.

**12단계) 삼색 펜 독서일지 쓰기_** 삼색 펜을 활용하여 독서일지를 써봅시다. 예를 들어 줄거리는 빨간색으로, 인상 깊은 구절은 파란색으로, 새롭게 알게 된 점은 초록색으로 기록해보세요.

| 책 제목 | |
| --- | --- |
| 줄거리 | |
| 인상<br>깊은<br>구절 | |
| 새롭게<br>알게 된<br>점 | |

# 생각의 자리를 마련해주는 밑줄과 동그라미 독서법

독서는 아이들을 지적으로 성장하게 하고 창의력을 발달시켜주는 중요한 활동입니다. 하지만 눈으로 읽는 것만으로는 한계가 있습니다. 책의 내용을 깊게 이해하고, 중요한 정보를 효과적으로 기억하며, 비판적 사고력을 기르기 위해서는 능동적으로 독서를 해야 합니다. 다음에 소개하는 밑줄과 동그라미를 활용한 독서법으로 좀 더 적극적인 독서 습관을 들여봅시다.

아이들이 중요한 부분에 밑줄을 긋거나 동그라미를 치면서 읽게 되면, 내용에 주의를 기울일 수 있습니다. 또한 집중력이 높아지고 내용을 더 오래 기억할 수 있죠. 복습할 때는 표시한 내용을 바탕으로 집중하여 읽게 되므로 학습 효과를 향상시킬 수 있습니다. 이 과정에는 기본적으로 '사고'가 개입됩니다.

수동적으로 정보가 주입되는 유튜브나 SNS와는 구분되는 지적 활동이죠.

이제 구체적인 활용법을 자세히 살펴보겠습니다.

## 다양한 밑줄을 활용해
## 의미 파악하기

밑줄 긋기는 가장 기본적이면서도 효과적인 표시 방법입니다. 책 속 중요한 정보를 단숨에 알게 해주죠. 중심 문장에 밑줄을 그으면 시각적으로 각인되고, 글의 중요한 전환점을 쉽게 기억할 수 있습니다. 밑줄은 단순한 직선 형태 외에도 다양한 형태를 활용하여 책의 내용을 체계적이고 논리적으로 정리할 수 있습니다. 밑줄마다 나만의 특별한 의미를 부여해서 사용하면, 스스로 생각하며 읽기의 즐거움을 알게 됩니다. 예를 들어 볼까요?

직선 _____ : 가장 중요한 정보를 표시할 때 사용합니다.

물결 _____ : 재미있거나 인상적인 내용을 표시할 때 사용합니다.

점선 ........... : 나중에 다시 확인할 내용을 표시할 때 사용합니다. 원문자나 기호로 연결해서 내용을 더 정확히 이해할 수 있습니다.

이중선 _____: 핵심 키워드나 주요 개념을 강조할 때 사용합니다.

친구가 화가 많이 났나 봐요. 크게 소리를 지르면서 공을 뻥 차버렸어요.

"우와, 너 지금 매우 화가 났구나?"

나는 친구에게 화를 푸는 나만의 방법을 소개해주기로 했어요.

"나는 있잖아, 진짜 속상하고 화가 날 때는 큰 소리로 울어버려. 마음이 풀릴 때까지 실컷 울고 나면 기분이 한결 나아지거든."

화를 푸는 방법으로는 또 어떤 것이 있을까요? 옆에서 듣고 있던 친구들도 자기만의 방법을 이야기해주었어요.

"엄마가 옆에 있을 때는 엄마를 꼭 껴안아."

"나는 내가 좋아하는 노래를 크게 틀어."

"숨을 깊게 들이마셨다가 내쉬면서 하나, 둘 숫자를 세."

"낙서를 하거나 그림을 그려."

"친한 친구한테 전화를 해."

누구든 화가 날 때가 있어요. 그럴 때는 화를 잘 푸는 것이 매우 중요하지요.

위의 글은 2학년 국어 교과서에 나오는 주제를 차용해 재구성해본 것입니다. 교과서를 읽을 때도 이렇게 밑줄을 치면서 읽는 습관을 들이면 학습 효과가 높아집니다.

직선: 이 글의 중심 내용은 '화가 났을 때 화를 잘 푸는 것'이므로 그 부분에 밑줄을 그어서 중요하다는 표시를 해줍니다.

물결: 이 글에서는 화를 푸는 다양한 방법이 나오는데요, 울거나, 심호흡하는 방법은 많이 들어봤지만 '낙서나 그림 그리기'는 생소한 방법이네요. 흥미롭다는 의미에서 물결 모양의 밑줄을 쳐봅니다. 이때 아이에게 "또 어떤 방법으로 화를 풀 수 있을까?" 하고 물어서 아이 스스로 다양한 해법을 찾아보게 하는 것도 좋습니다. 그리고 실제로 화가 났을 때 그 방법을 적용해보라고 일러주세요. 책에서 스스로 배운 내용을 실제로 적용해보면, 책 속의 내용이 삶에 적용할 수 있는 살아 있는 이야기라는 것을 경험할 수 있을 거예요.

점선: 나중에 '화를 푸는 다양한 방법'이 나오면 다시 정리하는 것이 좋겠지요. 그래서 점선으로 표시하고 넘어갑니다.

이중선: 이 글은 '화를 푸는 방법'을 소개한 글이므로 '화를 푸는 다른 방법은 또 어떤 것이 있을까요?'라고 묻는 이 부분이 곧 전체를 아우르는 핵심 내용이라 할 수 있습니다.

## 동그라미로 마법의 돋보기를 만들어볼까?

동그라미는 특히 중요한 단어나 짧은 구절을 강조할 때 유용합니다. 돋보기처럼 중요한 부분에 동그라미를 치면 시각적으로 강조돼 눈에 확 띄거든요. 아이한테 동그라미는 '마법의 돋보기'라고 설명해주면, 재미있어서 열심히 동그라미를 칠 겁니다. 다만, 정말 중요한 곳에만 쳐야겠죠? 나중에 쉽게 찾아볼 수 있게요.

동그라미 외에도 별표(☆)나 하트(♥) 같은 기호로 특별히 마음에 드는 부분을 표시하게 해보세요. 좋아하는 동화책의 특별하게 기억하고 싶은 부분이나 교과서에서 꼭 외워야 하는 부분을 표시하면 쉽게 구분할 수 있습니다.

# 순서 매기기와
# 연결선 그리기

책의 내용 중 순서가 중요한 부분에는 숫자를 매겨 표시합니다. 물건을 작동시키는 사용 설명서나, 무언가를 만드는 '과정'을 설명하거나, 역사적인 사건을 진술하거나, 사건이나 사실 등을 나열할 때 도움이 되는 방법입니다. 다음은 초등학교 6학년 사회 교과서의 내용입니다. 숫자로 한번 표시해볼까요?

우리나라의 초대 대통령이었던 이승만은 계속해서 권력을 유지하고자 하였다. 이를 위해 헌법을 바꿔 가며 대통령에 잇달아 당선되었다. 이승만 정부는 ①1960년 3월 15일에 치러지는 정부통령 선거에서도 이겨 집권을 이어나가고자 했다. 이를 위해서 이승만 정부는 많은 표를 얻기 위한 계획을 세워 실행에 옮겼고, 그 결과 선거에서 승리하였다. 이승만 정부가 부정한 방법으로 선거에서 이기자, ②학생들과 시민들은 3·15 선거가 무효라고 주장하며 시위를 벌였다.

특히 시위 도중 경찰 때문에 사망한 ③고등학생 김주열이 마산 앞바다에서 사망한 채로 발견되어 시위는 확산

되었다. ④1960년 4월 19일, 이승만 정부에 항의하는 학생들과 시민들의 시위가 전국적으로 일어났다. 이승만 정부는 시위를 무력으로 진압하였고, 이 과정에서 수많은 사람이 다치거나 죽었다. 그러나 학생들과 시민들의 저항은 계속 이어졌다. 대학교수들까지 나서며 시위가 거세지자 ⑤이승만은 결국 대통령직에서 하야하였고, 3·15 부정선거는 무효가 되었다. 이후 재선거가 실시되었고 새로운 정부가 세워졌다. 4·19 혁명은 학생들과 시민들이 부정한 정부에 맞서 민주주의를 스스로 지켜 낸 사건이었다.

－초6-1, 사회 교과서, 미래엔

이렇게 중심 내용에 밑줄을 치고, 시간 순서에 따라 숫자를 붙여서 정리하면 자연스럽게 흐름을 이해할 수 있습니다. 서로 관련된 내용이 다른 부분에 나오면, 연결선을 그어 표시합니다. 하나의 주제에 대해 구체적으로 설명하는 내용이 나올 때나, 원인과 결과에 따라 연결선을 그릴 수도 있고, 비교·대조하는 글에도 활용할 수 있습니다.

일상에서도 충분히 에너지 절약을 실천할 수 있습니다. 직접 할 수 있는 작은 일부터 하나씩 해나가면 되지요.

에너지를 절약하는 방법은 크게 두 가지입니다. 하나는, 에너지를 필요 이상으로 낭비하지 않는 것입니다. 환한 낮에 불을 여기저기 켜놓거나, 물을 너무 오래 틀어놓지 않아야 합니다. 쓰지 않는 콘센트 뽑아두거나 껐다 켰다 할 수 있는 스위치가 달린 멀티탭을 사용하는 것도 좋습니다.

다음은, 에너지를 아껴 사용하는 것입니다. 냉장고나 에어컨 등 집에서 사용하는 가전제품을 구입할 때는 에너지 효율이 높은 것을 선택하고, 여름에 에어컨을 틀거나 겨울에 난방을 할 때는 너무 낮거나 높지 않게 적정한 온도를 유지하도록 신경 써야 합니다.


위의 글에서는 우리가 에너지 절약을 위해 실천할 수 있는 두 가지 일을 연결선을 그어서 표시했습니다. 핵심 내용이 눈에 쉽게 들어오지요. 종류를 나타내거나 이유를 설명할 때 유용한 방법입니다. 다른 예도 한번 볼까요?

들과 산에 가면 다양한 식물을 볼 수 있습니다. 들과 산에 사는 식물의 생김새와 특징을 조사해 봅시다. 들과 산에는 강아지풀, 명아주, 소나무, 신갈나무 등과 같은 식물이 삽니다. 들과 산에 사는 식물은 대부분 뿌리, 줄기, 잎이 있으며 땅에 뿌리를 내리고 삽니다. 사막에 사는 식물도 들과 산에서 사는 식물처럼 대부분 땅에 뿌리를 내리고 삽니다. 사막에 사는 알로에, 기둥선인장, 바오바브나무 등은 잎이나 줄기에 물을 저장하고 있어서 잎이 두껍거나 줄기가 굵습니다.

-초3-1, 과학 교과서(2022 개정 교육과정), 미래엔

위의 내용처럼 비교하거나 대조하는 글에서도 밑줄과 연결선으로 핵심 내용을 정확하게 파악할 수 있습니다. 위의 글은 들과 산에 사는 식물과 사막에 사는 식물을 비교하고 있습니다. 두 곳의 식물들 모두 땅에 뿌리를 내리고 사는 것은 똑같지만, 사막 식물의 경우 잎이나 줄기가 물을 저장하는 역할을 한다는 점이 서로 다르네요. 이 부분을 연결선을 활용하여 표시하면 시각적으로 각인이 되고, 나중에도 중요한 내용을 한눈에 알아볼 수 있습니다.

# 나만의
# 기호 만들기

독서에 활용하는 기호는 정해진 것이 아닙니다. 얼마든 아이들이 직접 만들어 활용할 수 있습니다. 예를 들어 책을 읽다 보면 이해가 되지 않거나, 더 알고 싶은 부분이 생기곤 합니다. 이럴 때는 커다랗게 물음표[?]를 그려놓고, 책을 끝까지 읽은 후에 후속 활동을 통해 궁금증이나 문제를 해결하는 것이 좋습니다.

?초음파는 사람이 들을 수 없는 소리를 말합니다. 사람이 들을 수 있는 소리와 코끼리, 고양이, 돌고래, 박쥐 등 다른 동물들이 들을 수 있는 소리가 각각 다른데요, ?저마다 들을 수 있는 소리의 높고 낮음이 다르기 때문입니다. 이런 초음파를 이용해서 몸에 병이 있는지도 검사할 수 있어요.

위의 글에서 '초음파'에 대해 정확히 모른다면 [?] 표시를 합니다. 나중에 초음파의 사진을 찾아보거나 초음파의 구조나 기능에 대해 더 자세히 알아볼 수 있지요. '저마다 들을 수 있는 소리의 높고 낮음이 다르다'는 부분도 궁금증이 생길 수 있죠. 돌고래와 박쥐가 내는 소리의 주파수가 어느 정도인지, 왜 우리가 들을 수 없는지에 대해 나중에 자세히 알아보는 것이 좋겠습니다. 이렇게 물음표를 하나씩 모아서 나만의 '궁금증 해소 카드'를 만들 수도 있을 거예요. 잊지 않고 기억했다가 지식을 확장해나가는 데 유용하게 사용할 수 있습니다.

이처럼 아이들이 책을 읽을 때 자신만의 기호로 글의 내용을 시각화하고, 내용을 더 명확하게 이해하고, 더 알고 싶은 내용을 탐색할 수 있게 해주세요. 아이들의 책 읽기가 더 재미있고 보람 있는 활동이 될 수 있을 것입니다.

## 밑줄과 기호로 책을 만들어볼까?

지금까지 책을 입체적이고 깊이 있게 읽을 수 있는 다양한 도구들을 소개해보았습니다. 이렇게 재미있는 방법으로 책을 읽은 후에는, 아이가 밑줄이나 기호로 표시해둔 부분만을 가지고 책의 내용을 요약하는 연습을 시켜주세요. 핵심 내용을 간단하게 정리할 수 있습니다. 또한 책의 전체적인 구조를 이해할 수 있고, 어휘력을 높이는 데도 도움이 됩니다.

앞서 소개한 방법은 아이의 연령과 관심사에 맞게끔 적절히 조절하여 적용해주시기 바랍니다. 처음에는 함께 책을 읽으면서 어떤 부분에 표시를 하면 좋을지 의논해보는 것도 좋습니다. 점차 아이가 스스로 중요한 부분을 찾아 표시할 수 있게 되면, 독립적으로 책을 읽을 수 있습니다.

책에 직접 표시하는 것을 꺼리는 경우, 투명한 책 커버를 씌우거나 포스트잇을 활용할 수 있습니다(자세한 내용은 245쪽을 펼쳐보세요). 중요한 것은 아이가 능동적으로 책과 상호작용하며 독서 습관을 기르는 것입니다.

# 밑줄과 동그라미를 활용한 독서법

**1. 나만의 밑줄 스타일 만들기_** 다음의 여러 가지 밑줄에 의미를 부여해봅시다.

- 직선 ＿＿＿ :
- 물결 ～～～ :
- 점선 ＿＿＿ :
- 이중선 ＿＿＿ :


**2. 마법의 돋보기 연습_** 다음 문장에서 가장 중요한 단어를 찾아 동그라미 쳐봅시다.

"토끼는 당근을 좋아해요."


**3. 특별 기호 사용하기_** 책에서 특별히 좋아하는 부분이나 꼭 기억해야 할 부분에 어떤 기호를 사용하면 좋을지 직접 만들어봅시다.

- 기호: ＿＿＿＿＿  의미: ＿＿＿＿＿
- 기호: ＿＿＿＿＿  의미: ＿＿＿＿＿
- 기호: ＿＿＿＿＿  의미: ＿＿＿＿＿

**4. 순서 매기기 연습_** 다음 과정에 순서를 매겨봅시다.

- (    ) 양치하기
- (    ) 잠자리에 들기
- (    ) 파자마 입기
- (    ) 책 읽기

**5. 질문 표시 만들기_** 자신이 읽은 책에서 궁금한 내용들을 찾아 옆에 [?] 표시를 해봅시다.

**6. 연결선 그리기 연습_** 관련된 단어끼리 연결해봅시다.

사과　　•　　　•　달다

바나나　•　　　•　시다

레몬　　•　　　•　달콤하다

**7. 나만의 기호 만들기_** 새로운 기호를 만들고 의미를 정해봅시다.

- 기호: _____  의미: _____

**8. 밑줄과 기호를 사용해 책 요약하기_** 최근에 읽은 책의 중요한 부분에 밑줄과 기호로 표시하고 요약해봅시다.

- 밑줄을 사용한 이유:

  _____

- 기호를 사용한 이유:

  _____

- 내용 요약하기:

  _____

**9. 감정 표현하기_** 책을 읽으면서 느낀 감정의 변화를 이모티콘으로 그려봅시다. 그리고 그 이유를 적어봅시다.

| 감정 이모티콘 | 감정을 느끼게 된 이유나 구절 |
|---|---|
|  |  |
|  |  |

**10. 단어 강조하기_** 한 페이지에서 가장 중요한 단어 5개를 찾아 다양한 방법으로 강조해봅시다.

**11. 책 뒷면 여백 활용하기_** 책 뒷면에 보면 비어 있는 여백들이 있습니다. 그곳에 다양한 기호를 사용해 중요한 내용을 요약합니다. 이후 기억이 나지 않을 때 책의 뒷면을 보면 쉽게 내용을 떠올리고 확인할 수 있습니다.

# 정리의 달인이 되는,
# 글머리 기호 활용하기

## 한 문장에
## 핵심을 담으려면

아이들이 책의 핵심을 파악하고 간단하게 요약할 수 있도록 돕는 유용한 방법 중 하나는 '한 문장으로 요약하기'입니다. 한 문장 요약은 학교에서만이 아니라 사회에서도 그 중요성을 절감하게 되는, 아주 중요한 능력입니다. 긴 글이나 복잡한 정보를 소화해서 최대한 효과적으로 전달해야 하는 상황은 수시로 발생하기 때문이죠. 토의나 토론, 발표를 할 때, 회의를 진행하거나 보고를 할 때, 문서를 작성할 때도 우리는 '한 문장 요약'의 기술을 발휘하게 됩니다.

거창하고 어려워보일 수 있지만, 막상 시도해보면 아이들도 쉽게 따라할 수 있습니다. 단계별로 접근하는 방법은 다음과 같습니다.

 주요 정보 찾기

먼저 아이에게 하나의 문단이나 소단원을 읽고 가장 중요하다고 생각하는 정보를 찾아보게 합니다.

"이 부분에서 꼭 기억해야 할 것은 무엇일까?"
"무엇이 가장 중요해 보이니?"

이런 질문으로 핵심을 찾을 수 있도록 합니다.

 핵심 단어 선택

아이가 찾은 주요 정보에서 꼭 필요한 단어들만 골라보게 합니다. 긴 글부터 시도하면 아이가 어려워할 수 있으니, 짧은 문단으로 쉽게 접근하도록 도와주세요.

"무엇에 관한 이야기지?"

"친구한테 이 내용을 전한다면, 어떤 단어를 고를 거니?"

 **문장 만들기**

선택한 핵심 단어들을 사용해 한 문장을 만들어보게 합니다. 처음에는 부모님이 예시를 들어주시면 좋습니다. 다음의 문단을 한 문장으로 정리하면서 익혀볼까요?

체력을 기르려면 나의 체력 수준을 알고, 나에게 맞는 운동 계획을 세워 실천해야 효과를 높일 수 있습니다. 오래 달리거나 걷기, 팔굽혀 펴기, 윗몸 말아올리기, 왕복달리기로 체력 수준을 확인하고 목표를 세웁니다. 어떤 운동을 할 것인지 선택하고 그 운동을 얼마나 자주, 얼마나 오래 할 것인지 계획을 세웁니다. 계획에 따라 꾸준히 실천합니다.

-초3, 체육 교과서(2022 개정 교육과정), 미래엔

위의 글에서 보면, 제일 중요한 단어로 '체력', '운동 계획', '세우기', '실천'을 고를 수 있습니다. 그러면 이 세 단어를 연결해볼까요?

- 체력을 기르기 위해 운동 계획을 세워 실천하자.
- 운동 계획을 세우고 실천해 체력을 기르자.
- 수준에 맞는 운동 계획으로 체력을 기를 수 있다.

이런 식으로 핵심어를 넣어 다양한 문장을 만들어볼 수 있겠죠. 요약이란 핵심어를 넣어서 중심 내용을 전달하는 겁니다. 이때 주제를 올바로 파악하기 위해 고민하고 자신의 목소리로 재구성하는 연습이 필요합니다. 그래야 단어를 무작정 연결하는 '잘못된 요약'을 하지 않을 수 있습니다. 여러 번 연습하면, 아이들이 핵심어를 자연스럽게 연결하여 하나의 문장으로 재구성하는 것을 어려워하지 않게 됩니다.

## 글머리 기호 [·]로 강조하기

한 문장 요약하기에 익숙해진 중학년 아이들이라면 글머

리 기호[•]를 사용하여 요약하는 방법을 시도해볼 것을 권합니다. 글머리 기호는 정보를 구조화하고 간결하게 표현할 수 있는 도구입니다. 글머리 기호로 핵심어나 핵심 내용을 시각적으로 표시해놓으면 나중에 검토할 때 핵심 내용에 빠르게 접근할 수 있습니다.

글머리 기호 [•]는 중요한 내용을 깔끔하게 정리하는 마법의 점과 같습니다. 핵심적인 내용을 항목별로 묶어주는 것이죠. 따라서 같은 글머리기호 [•] 로 묶인 내용은 차원(위계)이 비슷해야 합니다. 차원이 비슷하다는 것은, 서로 대등하게 나열되었다는 의미입니다. 예를 들어 "과일에는 사과, 배, 복숭아, 감 등이 있다"라는 문장에서 '사과, 배, 복숭아, 감'은 차원이 같은 단어들입니다. '과일'은 이를 포괄하는 단어이고요.

그럼, 어디 한번 해볼까요?

• 다양한 신체 활동에 참여하면 + 몸과 마음이 건강해지며 + 친구들과도 사이좋게 지낼 수 있게 됩니다. 또한 + 끈기 있게 도전하는 태도와 게임할 때 규칙을 잘 지키는 태도도 익힐 수 있습니다.

위의 글은 '다양한 신체 활동의 좋은 점'에 관한 글입니다. 다양한 신체 활동을 했을 때 나타나는 '좋은 점'들이 나열되어 있습니다. 이럴 때 글머리 기호를 유용하게 쓸 수 있습니다. 글머리 기호를 이용해서 정리해봅시다.

- 다양한 신체 활동에 참여하면
  + 몸과 마음이 건강해집니다.
  + 친구들과 사이좋게 지낼 수 있습니다.
  + 끈기 있게 도전하는 태도와 규칙을 잘 지키는 태도를 익힐 수 있습니다.

이처럼 글머리기호 [•]와 [+]를 사용하니 내용이 일목요연하게 정리됐습니다. 여기서 [•]는 큰 주제나 카테고리를 나타내고, [+]는 그 주제의 세부 내용이나 하위 항목을 나타냅니다. 구체적인 설명이나 예시가 들어갈 수 있겠죠. 이렇게 서로 다른 기호를 사용함으로써 글의 계층 구조를 시각적으로 표현할 수 있고, 내용의 흐름과 관계를 한눈에 쉽게 파악할 수 있습니다.

어때요, 글머리 기호 사용법이 그렇게 어렵지 않죠? 내용을 정리하다가 하위 글머리 기호가 더 필요하면 자신만의 기호를 만들어서 사용하면 됩니다.

## 일상에서 글머리 기호 활용하기

우리의 일상에서도 '글머리 기호'를 활용할 수 있습니다. 예를 들어, '오늘의 할 일'을 글머리 기호로 정리하는 건 어떨까요?

- 오늘의 할 일
  + 국어 숙제하기
  + 친구 생일선물 사기
  + 베드민턴 연습하기
  + 일기 쓰기

이렇게 글머리 기호로 '할 일'을 정리하는 습관을 들이면, 중요한 일이나 정보를 깜빡하고 놓치는 실수를 예방할 수 있겠죠. 익숙해지면 '오늘의 할 일' 뿐 아니라 '이 주의 할 일', '이 달의 할 일', '여름방학 때 할 일'처럼 더 큰 단위로 확장해나갈 수도 있습니다. 이때 각각의 '할 일'들을 제대로 완수했는지 확인하고 보완하는 과정도 꼭 거치도록 해주세요.

## 글머리 기호로
## 책 내용을 깔끔하게 정리해요

조금 더 연습을 해봅시다. 책의 한 장, 또는 한 문단 안에서 주요 사건이나 정보를 나열한 후 글머리 기호로 정리해봅시다.

전시로 듣는 옛이야기관에서는 매달 전래 동화 한 편을 주제로 체험형 전시를 한답니다. 이번 달은 「해와 달이 된 오누이」예요. 옛이야기관은 전래 동화의 줄거리를 재미있는 그림으로 소개하는 '이야기 알기'와 전래 동화 속으로 들어가 체험해 볼 수 있는 '이야기 속으로', 전래 동화와 관련된 생활상과 조상들의 지혜를 살펴볼 수 있는 '이야기 세상'으로 구성되어 있어요.

위의 글을 글머리 기호로 정리하면 다음과 같습니다.

• 옛이야기관의 구조
  + 이야기 알기: 옛이야기의 줄거리를 그림으로 알아볼 수 있는 곳.

+ 이야기 속으로: 옛이야기에 나오는 여러 가지 체험활동을 할 수 있는 곳.
+ 이야기 세상: 옛이야기와 관련된 생활상과 조상들의 지혜를 살펴볼 수 있는 곳.

아이들이 이런 식으로 일목요연하게 노트에 정리함으로써 체계적으로 글을 이해할 수 있도록 해주세요. 글머리 기호로 정리한 내용을 다시 한 문장으로 요약하는 것도 좋습니다. '옛이야기 전시관에서는 각 구역별로 옛이야기의 내용과 배경을 알아볼 수 있다'라고 요약하는 것이죠.

## 우리 아이 나이에 맞는 다양한 요약법

초등 중학년 아이들에게 권하는 또 한 가지 요약 방법은 책의 내용을 처음, 중간, 끝의 세 부분으로 나누어 각각 한 문장으로 요약하는 것입니다. 즉, '세 줄 요약'이라 할 수 있죠.

초등 고학년이 되면 한 단계 높은 논리적 추론이나 문제해결력을 활용할 수 있습니다. 이때는 책의 주인공이나 주요 사건에 대해 SWOT(강점, 약점, 기회, 위협) 분석을 해보게 합니다. 이는 비판적 사고력을 기를 수 있는 요약 방법입니다.

예를 들어《해리 포터와 마법사의 돌》의 주인공 해리 포터에 대한 SWOT 분석을 다음처럼 해볼 수 있습니다.

- 강점Strengths: 용기가 있음, 마법 재능이 뛰어남.
- 약점Weaknesses: 경험이 부족함, 충동적인 면이 있음.
- 기회Opportunities: 호그와트 마법학교에 입학함, 좋은 친구들을 만남.
- 위협Threats: 볼드모트의 위협, 학교에서의 어려운 과제들.

이렇게 분석함으로써 아이들은 캐릭터나 상황을 다각도로 바라보는 능력을 기를 수 있습니다. SWOT 분석은 서평을 작성하는 등 비판적인 영역의 글쓰기에 도움이 됩니다. 또한 이런 분석을 통해 아이들은 책의 내용을 더 깊이 이해하고, 자신의 생각을 체계적으로 정리하는 능력을 기를 수 있습니다.

# 글머리 기호와 SWOT으로 요약하기

## 1. 한 문장 요약 연습(초등 저학년)

### 연습 1: 좋아하는 동화책 한 장면 요약하기

• 책 제목:

• 가장 중요한 단어 5개를 골라봅시다.

1.　　　　　　　　　　2.　　　　　　　　　　3.

4.　　　　　　　　　　5.

• 위 단어들을 사용해 한 문장으로 요약해봅시다.

### 연습 2: 오늘 있었던 일 요약하기

• 중요한 사건 3가지를 적어봅시다.

1.

2.

3.

• 위 내용을 한 문장으로 요약해봅시다.


## 2. 글머리 기호 활용하기(초등 중학년)

**연습 1: 좋아하는 TV 프로그램 요약하기**

프로그램 이름:

• 

   +

   +

   +

   +


• 위 글머리 기호로 정리한 내용을 한 문장으로 요약해봅시다.

**연습 2: 책 속 한 챕터 요약하기**

책 제목: ........................................................................

챕터 제목: ........................................................................

- •

  + 

  + 

  + 

  + 

- • 위 글머리 기호로 정리한 내용을 한 문장으로 요약해봅시다.

........................................................................

........................................................................

## 3. 3줄 요약 연습(11-13세)

### 연습 1: 최근에 읽은 책 요약하기

책 제목: ........................................................................

처음: ........................................................................

중간: ........................................................................

끝: ........................................................................

**연습 2: 역사적 사건 요약하기**

사건 이름:

발단:

전개:

결과:

## 4. SWOT 분석(초등 고학년)

**연습 1: 책의 주인공 SWOT 분석**

책 제목:

주인공 이름:

• 강점:

• 약점:

• 기회:

• 위협: _____

_____

• 이제 위 SWOT 분석을 바탕으로 주인공에 대해 한 문장으로 요약해봅시다.

_____

**연습 2: 책에 대한 SWOT 분석**

책 제목: _____

• 강점: _____

_____

• 약점: _____

_____

• 기회: _____

· 위협:




· 분석한 내용을 바탕으로 책에 대해 한 문장으로 평가해봅

　시다.

## SWOT 분석을 이용한 독서일지

| 책 제목 | |
|---|---|
| **강점** | **약점** |

- 
- 
- 
- 

| **기회** | **위협** |
|---|---|

- 
- 
- 
- 

| **SWOT 분석을 바탕으로 평가하기** |
|---|

# 아이디어가 떠오를 때 바로
# 메모하세요, 포스트잇 활용 요약법

책을 읽다 보면 때때로 번뜩이는 아이디어나 중요한 생각이 떠오르곤 합니다. 아이들에게 이런 순간을 포착해서 기록하는 습관을 길러주세요. 아이디어나 생각이 떠오를 때는 즉시 메모하는 것이 중요합니다. 우리의 기억력은 생각보다 짧고, 순간의 영감은 금방 사라지기 때문입니다. 아이들이 메모를 귀찮아하면 이렇게 설명해보세요.

"우리 머릿속에 떠오르는 생각들은 마치 비눗방울 같아. 금방 터져버리기 전에 빨리 잡아야 해."

포스트잇은 즉각적으로 메모하기 적합한 도구입니다. 색상과 모양이 다양해서 아이들의 흥미를 사로잡기에도 안성맞춤이죠. 포스트잇을 활용해서 어떻게 요약할 수 있을까요?

## 포스트잇을 활용해
## 요약하기

구체적인 방법은 다음과 같습니다.

1. 책을 읽기 전, 여러 색상의 포스트잇을 준비합니다.
2. 포스트잇의 각 색상에 의미를 부여합니다. 삼색 펜을 활용할 때와 마찬가지로, 아이와 상의해서 마음대로 정하면 됩니다. 다만, 각 색상의 의미를 명확히 구분하고 기억하도록 해주세요. 예를 들면 다음과 같습니다.

- 노란색: 중요한 사실이나 정보
- 분홍색: 재미있거나 인상 깊은 문장
- 초록색: 새롭게 배운 단어나 개념
- 파란색: 궁금한 점이나 더 알고 싶은 내용

3. 책을 읽으면서 해당하는 내용을 발견할 때마다 적절한 색상의 포스트잇에 간단히 메모합니다.
4. 포스트잇을 해당 페이지에 붙여둡니다.

이렇게 각각의 포스트잇에 내용을 적으면, 중요한 내용들을 구별하여 쉽게 요약할 수 있습니다. 무엇보다 손을 움직여서 생각을 정리하므로, 아이들이 능동적으로 참여하게 됩니다. 각 장이나 목차별로 메모하는 것도 좋은 방법입니다.

## 손바닥 크기 안에
## 효율적으로 메모하려면

포스트잇은 보통 손바닥 정도의 크기입니다. 그 안에 내용을 모두 담아야 하므로, 자연스럽게 핵심만 적으려고 노력하게 됩니다. 그렇다면 어떻게 효율적으로 포스트잇에 핵심 내용을 담을 수 있을까요?

### 1. 핵심어 중심으로 메모하기

전체 문장을 쓰기보다는 핵심 단어 위주로 메모하도록 지도해주세요.

### 2. 기호와 약어 사용하기

자주 사용하는 단어나 개념에 대해 간단한 기호나 약어를 만들어봅니다.

### 3. 자신만의 표현으로 바꾸기

책의 내용을 그대로 베끼지 않고 자신의 말로 바꿔 적도록 격려합니다.

책을 다 읽은 후에는, 포스트잇에 적은 메모들을 활용해 전체 내용을 요약해봅시다. 방법은 다음과 같습니다.

1. 모든 포스트잇을 색상별로 분류합니다.
2. 각 색상 그룹 내에서 가장 중요하다고 생각되는 메모를 3~5개 고릅니다.
3. 선택한 메모들을 연결해 하나의 이야기나 요약문을 만듭니다.

이 과정에서 아이들은 자연스럽게 책의 전체 구조와 핵심 내용을 파악할 수 있게 됩니다. 생각보다 시간이 많이 드는 방법이지만 핵심 내용을 짜임새 있게 정리할 수 있는 방법이기도 해요. 글을 작성할 때도 이 방법을 활용할 수 있습니다.

# 아이디어 포착! 포스트잇 요약법

## 1. 준비물

　　☐ 여러 색상의 포스트잇(노란색, 분홍색, 초록색, 파란색)

　　☐ 펜 또는 연필

　　☐ 읽을 책

## 2. 색상의 의미 정하기

　　• (　　　　)색: 중요한 사실이나 정보

　　• (　　　　)색: 재미있거나 인상 깊은 문장

　　• (　　　　)색: 새롭게 배운 단어나 개념

　　• (　　　　)색: 궁금한 점이나 더 알고 싶은 내용

## 3. 책 읽기 & 메모하기

　　책 제목:

　　저자:

**연습 1: 색상별 포스트잇에 내용 정리하기**

책의 첫 번째 장을 읽으면서 각 색상의 포스트잇에 해당하는 내용을 메모해보세요. 각 색상별로 최소한 1개 이상 메모해 봅시다.


• (        )색 메모 예시

- 주인공의 이름: _____

- 이야기의 배경: _____


• (        )색 메모 예시

- 가장 좋았던 대사:

" _____ " (페이지: _____ )

- 가장 재미있었던 장면: _____


• (        )색 메모 예시

- 새로 배운 단어: _____

_____

- 새로운 개념: _____

_____

_____

• (　　　)색 메모 예시

– 궁금한 점: _____?

– 더 알고 싶은 내용:

_____

### 연습 2: 키워드 중심 메모하기

두 번째 장을 읽을 때는 전체 문장 대신 핵심 단어 위주로 포스트잇에 메모해봅시다.

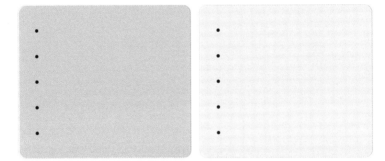

**연습 3: 기호와 약어 사용하기**

자주 나오는 단어나 개념에 대해 자신만의 기호나 약어를 만

들어봅시다.


예시:

• 주인공 → ㅈ ㅇ ㄱ

• 마법 → ㅁ ㅂ

• 모험 → ㅁ ㅎ

• 중요 → ★


나만의 기호/약어:

1. ＿＿＿＿＿＿＿＿＿ → ＿＿＿＿＿＿＿＿＿＿＿＿

2. ＿＿＿＿＿＿＿＿＿ → ＿＿＿＿＿＿＿＿＿＿＿＿

3. ＿＿＿＿＿＿＿＿＿ → ＿＿＿＿＿＿＿＿＿＿＿＿


이제 이 기호와 약어를 사용해서 세 번째 장을 읽으며 메모

해보세요.

책을 다 읽은 후, 모든 포스트잇을 색상별로 분류해보세요.

**연습 4: 중요 메모 선별하기**

각 색상 그룹에서 가장 중요하다고 생각되는 메모 3개를 골라 아래에 적어보세요.

예시: 노란색(중요 정보)

1.

2.

3.

분홍색(인상 깊은 내용)

1.

2.

3.

초록색(새로 배운 것)

1.

2.

3.

파란색(궁금한 점)

1. _____

2. _____

3. _____

## 연습 5: 요약문 만들기

위에서 고른 중요 메모들을 연결해 이야기를 요약해보세요.
(5-7문장)

_____

_____

_____

_____

_____

_____

_____

# 인덱스로
# 핵심의 기준 만들기

포스트잇 형태로 나온 인덱스 탭은, 책을 읽을 때 붙이는 책갈피 같은 것입니다. 책을 어디까지 읽었는지 표시하거나, 중요한 부분을 표시해놓고 나중에 다시 확인하고자 할 때 주로 사용하지요. 인덱스는 특정 주제끼리 묶어서 내용을 항목화할 때도 좋고 '중심 문장', '핵심어', '인상 깊은 구절' 등 중요한 내용을 표시할 수도 있습니다.

인덱스는 색상과 재질, 모양, 크기가 아주 다양해서 아이들도 즐겨 사용하곤 합니다. 일찍부터 인덱스 사용하는 습관을 들이면 정보를 시각적으로 쉽게 구분할 수 있어 도움이 되죠. 또한 필요한 정보를 신속하게 찾을 수 있고, 책에 직접 표시하지 않아 책을 깨끗하게 유지할 수 있습니다.

그럼 이제 체계적인 사용 방법을 알아보도록 하겠습니다.


## 재미있고 똑똑한
## 인덱스 독서법

### 1. 주제별 색상 정하기

제일 먼저 할 일은 각 인덱스의 기능을 정하는 거겠죠? 색 깔별 인덱스의 기능을 아이와 함께 상의해서 정해보세요. 예를 들면, 다음과 같습니다.


- 빨간색: 매우 중요한 정보
- 파란색: 주요 개념이나 이론
- 노란색: 흥미로운 사실이나 예시
- 초록색: 새로 배운 단어나 용어
- 보라색: 의문점이나 더 찾아볼 내용


정한 내용은 메모해두어서 이후에 헷갈리지 않게 해야 합니다. 만약 책을 읽다가 아이가 바꾸고 싶어한다면 다른 책을 읽을 때부터 적용하는 게 좋습니다.

### 2. 인덱스 붙이기

인덱스는 페이지 상단에 붙여서 쉽게 볼 수 있게 합니다. 중요도에 따라 플래그의 높이를 다르게 할 수 있습니다. 중요한 문장을 표시하고 싶은 것이라면, 책을 덮어도 알아볼 수 있도록 바깥쪽으로 붙여주세요.

### 3. 간단한 메모 추가

플래그에 키워드나 간단한 메모를 적어두면 내용을 쉽게 기억할 수 있습니다.

## 인덱스를 활용한 단계별 요약 방법

아이들이 인덱스를 한층 더 효과적으로 사용하기 위해서는 단계별로 접근하는 것이 좋습니다. 같은 책을 처음 읽을 때와 두 번째로 읽을 때, 아이들이 받아들이는 정보의 양과 깊이는 달라집니다. 또한 한 챕터, 한 챕터를 마쳤을 때와 마침내 마지막 페이지에 도달했을 때도 마찬가지죠. 각 단계별로 인덱스를 어떻게 적절히 활용할 수 있을지 살펴봅시다.

### 1. 첫 번째 읽기

- 책을 처음 읽을 때는 전체적인 흐름을 파악하며 중요한 부분에 인덱스를 붙입니다.
- 단, 이 단계에서는 너무 많은 인덱스를 사용하지 않도록 주의합니다.

### 2. 두 번째 읽기

- 첫 번째 읽기에서 인덱스로 표시한 부분을 중심으로 다시 읽습니다.
- 더 자세하게 파악해야 할 부분에 추가로 인덱스를 붙입니다.
- 각 인덱스에 간단한 메모를 추가합니다.

### 3. 챕터별 요약

- 각 챕터가 끝날 때마다 인덱스를 활용하여 주요 내용을 요약합니다. 이때는 번호를 표기해서, 항목이 한눈에 들어올 수 있도록 합니다.
- 요약한 내용을 노트에 정리하고, 인덱스 번호를 함께 기록합니다.

## 4. 전체 요약

- 책을 다 읽은 후, 모든 인덱스를 검토하며 전체 내용을 요약합니다.
- 주요 주제별로 인덱스를 모아서 구분합니다.

# 인덱스를 활용한 다양한 독서 활동

책 한 권을 읽고 요약하는 데 사용한 인덱스들은 한데 모아서 다양한 활동에 활용할 수 있습니다. 한번 살펴볼까요?

### 1. 질문 만들기

각 색깔별 인덱스와 관련한 질문을 만들어봅니다. 복습할 때 이 질문들을 퀴즈로 활용할 수 있습니다.

### 2. 연결고리 찾기

서로 다른 색상의 인덱스 사이에 연관성을 찾아 정리합니다. 인과 관계에 따라 정리할 수도 있고, 항목별로 나열할 수도 있습니다. 이 활동을 통해 책의 내용을 더 깊고 통합적으로 파악할 수 있습니다.

### 3. 시각화하기

인덱스로 표시한 정보를 바탕으로 마인드맵이나 도표를 그려봅니다. 복잡한 개념을 정리하고 기억하는 데 도움이 됩니다.

### 4. 비교 분석

같은 주제에 관한 다른 책에서 인덱스로 표시한 내용을 서로 비교합니다. 다양한 관점을 이해하고 비판적 사고력을 기를 수 있습니다. 또한 과제를 하거나 모둠활동을 할 때 창의적이고 융합적인 해결 방안을 제시할 수 있습니다.

## 인덱스 요약법의 주의사항

인덱스를 책상 위에 펼쳐 놓는 순간, 아이들의 눈은 휘둥그레집니다. 지루한 필기가 아니라 무언가를 손으로 뜯어서 붙이는 행위는 나름 즐거움을 선사하니까요. 따라서 흥미를 높이는 데는 좋은 도구이지만 주의할 점도 있습니다. 너무 많은 인덱스를 사용하면 오히려 중요한 정보를 찾기 어려울 수 있으니, 정말 필요한 부분에만 선별적으로 사용하도록 해주세요.

인덱스를 활용하는 습관을 들이면, 장기적으로 유용하게 지식을 관리할 수 있습니다. 한 분야의 다양한 주제를 확장하고 융합하며 자신만의 지식 체계를 완성할 수 있으니까요. 나중에 복잡한 프로젝트에 참여할 때도 이 습관이 도움이 될 거예요.

# 인덱스를 활용하여 요약하기

## 1. 준비물
- ☐ 다양한 색상의 인덱스(최소 5색)
- ☐ 책 또는 학습 자료
- ☐ 펜 또는 연필
- ☐ 노트

## 2. 색상의 의미 정하기_ 아래 표를 채워 자신만의 색상 코드를 만들어봅시다.

| 색상 | 의미 |
|------|------|
| 빨간색 | |
| 파란색 | |
| 노란색 | |
| 초록색 | |
| 보라색 | |

## 3. 첫 번째 읽기

책 제목:

㈎ 전체적인 흐름을 파악하며 읽어 봅시다.

㈏ 중요하다고 생각되는 부분에 인덱스를 붙여봅시다.

붙인 인덱스의 수:                  개

## 4. 두 번째 읽기

㈎ 첫 번째 읽기에서 표시한 부분을 중심으로 다시 책을 읽어봅시다.

㈏ 추가로 중요한 부분을 발견하면 인덱스를 붙여봅시다.

㈐ 각 인덱스에 간단한 메모를 추가해봅시다.

새로 붙인 인덱스 수:                  개

## 5. 챕터별 요약하기

챕터 제목:

| 인덱스 색상 | 페이지 | 주요 내용 |
|---|---|---|
| | | |
| | | |
| | | |
| | | |

챕터 요약(3-5문장):

## 6. 전체 요약하기

(가) 모든 인덱스를 검토해봅시다.

(나) 주요 주제별로 인덱스를 그룹화해 봅시다.

• 주제 1:

관련 인덱스:

• 주제 2:

관련 인덱스:


• 주제 3:

관련 인덱스:


전체 요약(5-7문장):

# 7. 심화 학습

## 연습 1: 질문 만들기

| 인덱스 색상 | 페이지 | 질문 |
|---|---|---|
|  |  |  |
|  |  |  |
|  |  |  |
|  |  |  |
|  |  |  |

## 연습 2: 연결고리 찾기

인덱스 1 (색상/페이지):

인덱스 2 (색상/페이지):

연관성:

**연습 3: 시각화하기**

주요 개념을 중심으로 마인드맵을 그려보세요.

**연습 4: 같은 주제의 다른 책과 비교 분석하기**

다른 책 제목:

• 공통점:

• 차이점:

## 8. 자기 평가

• 가장 효과적이었던 색상 코드:

• 가장 어려웠던 부분:

• 다음에 개선할 점:

# 시각적 이미지로
# 책 내용을 한눈에 정리해요

책을 다 읽은 후 내용을 정리하고 기억하는 것은 중요한 활동입니다. 특히 시각적 이미지로 정보를 효과적으로 조직하면 기억하는 데 도움이 되죠. 시각적 요약은 복잡한 정보를 간단하게 기억하기 쉬운 형태로 변환하는 강력한 도구입니다. 시각화 요약의 장점은 다음처럼 다양합니다.

1. 정보의 빠른 이해: 시각적 요소는 텍스트보다 빠르게 처리되어 정보를 신속하게 파악할 수 있습니다.
2. 기억력 향상: 시각적 이미지는 텍스트보다 오래 기억에 남습니다.
3. 복잡한 관계 표현: 개념 간의 복잡한 관계를 명확하게

보여줄 수 있습니다.

4. 창의성 촉진: 정보를 시각화하는 과정에서 창의적 사고
가 자극됩니다.

5. 흥미 유발: 다양한 색상과 이미지로 학습을 더 재미있
게 만들 수 있습니다.

시각적 요약은 특히 개념적이고 추상적인 내용을 이해하
고 정리하는 데 유용합니다. 이번 장에서는 책을 읽은 후의 활
동으로서, 시각화해서 요약하는 다양한 방법들을 다뤄보겠습
니다.

# 다이어그램으로
# 요약하기

다이어그램은 점, 선, 면, 기호, 그림 등을 사용해서 정보의 상호 관계나 과정 등을 이해하기 쉽게 표현한 구조를 말합니다. 정보를 묘사하거나 시각적으로 상징화하고, 정보와 정보와의 관계를 그래프나 선들을 이용해서 표현해 많은 정보를 빠르게, 즉각적으로 이해할 수 있죠. 글 속에 담긴 정보를 다이어그램으로 어떻게 표현하는지 살펴볼까요?

우리가 매일 사용하는 물건들은 모두 특별한 목적을 가지고 만들어집니다. 장난감, 의자, 컵과 같은 물체들은 각각의 용도에 가장 적합한 재료로 만들어야 합니다. 이러한 물체를 만드는 데 사용되는 재료를 물질이라고 부릅니다. 우리 주변의 물체들은 어떤 물질로 만들어졌을까요?

튼튼한 못을 만들기 위해서는 금속을, 가벼운 페트병을 만들기 위해서는 플라스틱을, 편안한 의자를 만들기 위해서는 나무를, 방수가 되는 고무장갑을 만들기 위해서는 고무를, 투명한 유리컵을 만들기 위해서는 유리를 사용합니다. 이처럼 각각의 물질은 저마다의 특징을 가지고 있습니다.

사람들은 물체의 용도에 따라 금속, 플라스틱, 나무, 고무, 유리와 같은 다양한 물질 중에서 가장 알맞은 것을 선택하여 필요한 물체를 만듭니다. 이렇게 만들어진 물체들은 우리의 생활을 더욱 편리하게 만들어줍니다.


다이어그램의 종류는 다양하며, 목적에 따라 적절한 형태를 고안하여 활용할 수 있습니다. 내용을 요약하여 보여주기 좋기 때문에, 초등학교 교과서에서도 다이어그램을 많이 사용하고 있습니다.

대표적으로, 부모님들 눈에도 익숙할 '먹이사슬 피라미드'가 있습니다. 초등학교 과학 시간, 생태계의 원리를 배울 때 등

## 여러가지 물체와 물질

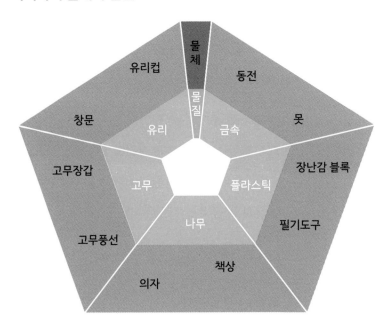

## 먹이 피라미드

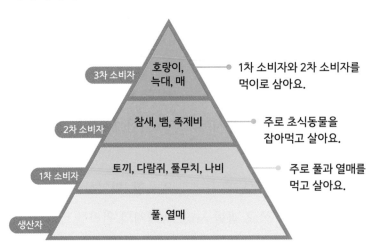

장하는 개념인데요, 먹이사슬의 단계가 높아짐에 따라 각 단계에 속하는 생물의 수가 줄어든다는 내용이지요. 이 정보를 그림으로 나타내면, 아래는 넓적하고 위는 좁아져서 피라미드 모양처럼 됩니다.

이처럼 다이어그램은 정보를 묶어서 자연스럽게 구조화하고 시각화할 수 있는 훌륭한 도구입니다.

# 생각그물로
# 시각화하기

생각그물은 다이어그램의 한 종류로, 창작하거나 아이디어를 떠올릴 때 사고를 확산하는 방법이죠. 초등학교 교과서에서는 단원 도입 부분에서 아이들이 그 단원의 목표를 이해하고 어떤 걸 배울지 예측하도록 안내하는 역할을 합니다. 오른쪽 그림을 볼까요? 우리 고장의 여러 장소를 생각그물로 시각화해 나타냈습니다. '내가 자주 가는 장소', '주요 장소'처럼 기준을 무엇으로 잡느냐에 따라 다양한 생각그물을 만들어볼 수 있습니다.

이처럼 생각그물은 전체 내용을 조감해서 한눈에 파악하게 하는 유용한 도구입니다. 여러 교과목에서 생각그물을 활용해 아이들이 개념을 이해하고, 생각을 확장하도록 돕고 있습니다. 우리도 생각그물을 직접 만들어볼까요?

# 아이와 함께 만들어보는
## 생각그물

생각그물을 그리려면 제일 먼저 주제를 찾아야 합니다. 그리고 그 주제를 종이 한가운데에 적어넣습니다. 주제와 핵심어가 생각그물의 중심이 되는 거죠. 이제, 주제가 적힌 원을 중심으로 가지를 뻗습니다. 중목차를 기준으로 가지를 뻗고, 그다음 소목차를 추가해 세부 가지를 그려줍니다. 단계별로 좀 더 자세히 소개해보겠습니다.

### 단계별 생각그물 그리는 법

1. 생각그물의 중심 주제를 설정합니다. 이 주제는 생각그물의 중심이 됩니다.
2. 주제를 생각그물의 가운데에 적습니다. 핵심어나 핵심 구절이 여기에 해당합니다.
3. 주제에서 주요 가지들을 그려내어 연결합니다. 각 가지는 주제와 관련된 주요 주제나 개념을 나타냅니다.
4. 주요 가지에 더 세부적인 가지를 추가합니다. 세부 가지는 주요 가지와 관련된 하위 주제나 아이디어를 나타냅니다.
5. 다양한 색상, 기호, 이미지 등을 추가하여 시각적으로

더욱 흥미롭고 이해하기 쉽게 만듭니다.

6. 가지들을 연결하여 아이디어 간의 관계를 보여줍니다. 선, 화살표, 연결선 등을 사용하여 연결할 수 있습니다.

7. 필요한 만큼 가지를 추가하고 시각적 요소를 더하여 생각그물을 완성합니다.

생각그물은 가지를 뻗어나갈 때, 하위 주제의 각 부분을 항목화하는 것이 중요합니다. 그래야 한눈에 쉽게 이해되는 생각그물을 만들 수 있거든요. 다만, 아이들이 글을 쓰기 전에 자유롭게 연상하기 위한 생각그물을 그릴 때는 머릿속에 떠오르는 대로 유연하게 그려나가도 좋습니다.

# 구조도로
# 알기 쉽게 정리하기

문학이든, 비문학이든 모든 글에는 뼈대가 있습니다. 소설이라면 발단, 전개, 위기, 절정, 결말의 순서로 이야기가 진행되고, 비문학의 경우, 설명문은 머리말(처음), 본문(중간), 맺음말(끝), 논설문은 서론(처음), 본론(중간), 결론(끝)으로 이루어집니다. 글의 뼈대들은 각각 역할이 있지요. 이러한 글의 뼈대에 따라 내용을 일목요연하게 요약한 것을 '구조도'라고 합니다. 글의 성격에 따라 어떻게 구조도를 그릴 수 있는지 살펴볼까요?

다음은 현진건의 소설 《운수 좋은 날》의 내용을 구조도로 나타낸 것입니다.

| | |
|---|---|
| **발단** | 시간적, 공간적 배경 소개, 인물 소개, 사건의 실마리 제시 |
| | 오랜만에 장사가 돼 아내를 위해 설렁탕을 사줄 수 있게 된 인력거꾼 김 첨지 |
| **전개** | 사건이 본격적으로 발생하고 갈등이 일어나는 부분 |
| | 손님이 끊이지 않으며 돈을 벌지만 집에 가는 시간이 지체될수록 초조한 김 첨지 |
| **위기** | 갈등이 고조되고 긴장감 조성되는 부분 |
| | 아내가 죽었을까 불안해하며 귀가하던 중 치삼을 만나 선술집행 |
| **절정** | 갈등이 최고조에 이름 |
| | 귀가 후 정적에 두려움으로 소리를 침 |
| **결말** | 갈등이 해결되고 주인공의 운명이 결정됨 |
| | 아내의 사망을 알고 비통해함 |

소설의 경우 이런 식으로 정리를 할 수 있습니다. 이야기

글에서는 주인공이 다양한 사건과 갈등을 겪으며 무엇을 깨닫는지, 혹은 어떤 감정을 느끼는지가 주제와 연결되기에 이야기를 관통하는 주제 찾기에 유용한 요약 방법입니다.

## 논설문 구조도 그리기

논설문은 주장하는 글입니다. 뚜렷한 주장(의견)이 있고, 그 의견을 뒷받침하는 근거가 있죠. 따라서 논설문은 사실(근거)과 의견(주장)을 나눠서 시각화할 수 있습니다.

유네스코 세계기록 유산에 등재된 한글은 많은 사람이 입을 모아 칭찬할 만큼 우수한 글자다. 어째서 그런 칭찬을 받는 걸까?

첫째, 한글은 과학적이고 체계적으로 만들어졌다. 모음자의 경우 하늘, 땅, 사람을 본뜬 기본 글자 '·', '—', 'ㅣ'를 먼저 만들고, 이 기본 문자를 합쳐 'ㅗ', 'ㅏ', 'ㅜ', 'ㅓ'와 같이 나머지 모음자를 만들었다.

자음도 발음 기관의 모양을 본뜬 기본 글자 'ㄱ, ㄴ, ㅁ, ㅅ, ㅇ'를 먼저 만든 후, 여기에 획을 더하는 방식으로 새로운 글자를 만들었다. 때문에 기본 글자를 익힌 후 나머지 글자로 확장하여 쉽게 배워 나갈 수 있다.

둘째, 한글은 자음자 14자와 모음자 10자, 다 합쳐 24자만 가지고도 많은 소리를 적을 수 있다. 게다가 언제 어디서나 똑같은 소리로 읽힌다. 그래서 사람의 입에서 나오는 대부분의 소리를 효과적으로 나타낼 수 있다.

한글의 우수성을 강조하는 이 논설문의 내용을 요약하여 구조도로 나타내보도록 하겠습니다.

과학적이고 체계적으로
만들어진 문자이다.
(사실/근거)

한글은 우수한 문자이다.
(의견/주장)

적은 수의 문자로
많은 소리를 적을 수 있는
문자이다.(사실/근거)

이렇게 핵심 내용을 주장(의견)과 사실(근거)로 구조화해서 요약하면 의견을 어떻게 전개하고 있는지를 파악하기 쉽고, 아이들이 직접 글을 쓸 때도 체계적으로 내용을 전개할 수 있습니다.

설명하는 글은 읽는 사람이 이해하기 쉽게 쓰는 글입니다. 따라서 어떤 대상을 어떻게 설명했는지를 따져봐야 합니다. 중심 소재가 무엇인지 파악하고, 이를 설명한 방법에 따라 요약할 수 있습니다.

식물의 종류에 따라 한살이 기간도 달라져요. 한살이는 식물이 싹이 트고 자라서 다시 씨를 맺어 한 세대를 이어가는 과정을 말해요. 그 기간에 따라 한해살이, 두해살이, 여러해살이로 나뉘지요. 각 식물의 한살이를 비교해 볼까요?

해바라기와 메밀처럼 한살이가 일 년 안에 이루어지는 식물을 한해살이 식물이라고 합니다. 금낭화는 겨울 동안 땅속줄기가 살아 있어 이듬해 봄에 다시 싹을 틔웁니다. 매화나무는 잎이 떨어지지만 뿌리와 땅 윗부분이 살아서 겨울을 보내고 이듬해 봄에 새순이 나와 자랍니다.

금낭화와 매화나무처럼 여러 해 동안 살아가면서 한살이의 일부를 반복하는 식물을 여러해살이 식물이라고 합니다.

위의 글은 '식물의 한살이'를 설명한 글인데요. 한살이 기간이 식물에 따라 다르므로 기간별로 '한해살이 식물'과 '여러해살이 식물'로 나누어서 설명하고 있습니다. 이를 바탕으로 구조도를 그리면 내용을 한눈에 쉽게 파악할 수 있습니다.

이렇게 구조화하는 방법을 적절히 사용하면, 설명문을 읽을 때만이 아니라 내 생각을 알기 쉽게 풀어서 설명할 때도 유용합니다.

# 시간과 공간의
# 흐름에 따라 이해하기

## 시간의 순서에 따라
## 긴 이야기를 한눈에

글의 내용을 시각화할 때 시간의 순서에 따라 요약하면 긴 이야기의 흐름을 쉽게 이해할 수 있습니다. 어떤 사건이 언제 일어났는지, 그 사건의 원인과 결과는 무엇인지를 파악하기 쉽죠. 사건의 맥락을 이해할 수 있어, 하나의 사건이 다른 사건에 어떤 영향을 미쳤는지가 눈에 잘 들어옵니다. 특히 교과서 내용을 공부할 때, 통사적인 내용을 통찰할 수 있어 내용을 쉽게 암기할 수 있답니다. 다음을 보실까요?

시간의 흐름을 쉽게 이해하기 위해 공통된 문화와 특징을 가지고 있는 시기를 묶어 '시대'라고 표현합니다. 사용하던 도구의 재료에 따라 시대를 구분하기도 하며, 나라의 이름에 따라 시대를 표현하기도 합니다.

도구에 따른 시대 구분 중 돌로 도구를 만들었던 시대에는 돌로 만든 주먹 도끼가 대표적인 유물입니다. 청동으로 도구를 만들었던 시대는 청동거울을 사용하고 청동검을 만들었습니다. 철로 도구를 만들었던 시대는 철로 만든 투구를 썼습니다.

-초3-1, 사회 교과서, 미래엔

3학년 1학기 사회 시간에 아이들은 한국사를 처음 시대별로 접하게 됩니다. 긴 시간에 걸쳐 일어난 많은 일들을 한꺼번에 이해하는 것은 쉽지 않지요. 이럴 때 내용을 시간 순서로 요약하면 체계를 잡아나갈 수 있습니다. 위의 내용을 시기별로 정리하면 다음과 같습니다.

| 시대 | 도구의 예 |
| --- | --- |
| 돌로 도구를 만들었던 시대 | 주먹도끼 |

⬇

| 시대 | 도구의 예 |
| --- | --- |
| 청동으로 도구를 만들었던 시대 | 청동거울, 청동검 |

⬇

| 시대 | 도구의 예 |
| --- | --- |
| 철로 도구를 만들었던 시대 | 철 투구 |

이런 식으로 정리하면 이후 구석기, 신석기, 청동기, 철기 순서로 이어지는 역사의 흐름을 쉽게 이해할 수 있습니다. 역사 뿐 아니라 소설도 마찬가지입니다. 긴 시간에 걸쳐 펼쳐지는 이야기를 시간의 흐름에 따라 요약하면 줄거리가 명쾌하게 정리되죠.《책과 노니는 집》이라는 동화책의 내용을 한번 볼까요?

1) 어린 시절 절에 버려졌던 아버지는 절에서 도망치다 장이를 발견함.

2) 장이를 친자식으로 키운 아버지는 필사쟁이로 일하며, 자신만의 책방을 꾸릴 꿈을 가짐.

3) 천주학 교리를 필사했던 아버지는 관인에 잡혀가 모진 고신을 당하면서도 천주학도를 발고하지 않음.

4) 아버지의 죽음 후 장이는 최 서쾌에게 입양되고 약계책방의

심부름꾼이 됨.

5) 어느 날 홍 교리 댁에 상아로 만든 책갈피(상아찌)를 전달하는 심부름을 하다가, 동네 불량배 허궁제비에게 빼앗김.

6) 책 배달을 하다가, 기생집 도리원의 심부름꾼인 낙심이를 알게 됨.

7) 청지기 아저씨와 최 서쾌의 도움으로 빼앗긴 상아찌를 되찾음.

8) 인자한 홍 교리, 씩씩한 낙심이와 친해짐.

9) 천주교 탄압으로 관군에게 끌려갈 위기에 처한 홍 교리를 장이가 구해줌.

10) 홍 교리가 지어 준 책방 이름 '책과 노니는 집'을 올려다보는 장이의 모습에서 끝.


이 책은 조선 후기라는 시대적 배경을 바탕으로, 주인공 장이가 아이에서 어른으로 성장하기까지의 이야기를 담고 있습니다. 여러 주변 인물들이 등장하며, 장이에게 고민과 설렘을 안겨주는 다양한 사건이 펼쳐지지요. 시간의 순서에 따라 다음과 같이 짧게 요약하면, 이야기 속 중요한 사건의 흐름을 간략하게 이해할 수 있습니다.

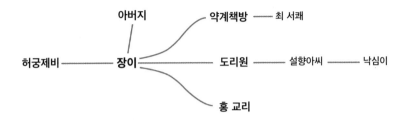

아버지 ── 장이 ── 약계책방 ── 최 서쾌

허궁제비 ── 장이 ── 도리원 ── 설향아씨 ── 낙심이

홍 교리

## 공간의 이동에 따라
## 이야기를 좇아가요

　하나의 이야기를 시간의 순서가 아닌 공간의 이동에 따라서 정리하는 방법도 있습니다. 지리나 역사 공부를 할 때도 물론 유용하고, 주인공이 모험을 떠나 여러 지역을 돌아다니는 이야기의 경우에도 내용을 쉽게 정리할 수 있습니다. 다음은 초등학교 5학년 교과서에 나오는 〈고조선 건국 이야기〉입니다. 공간에 따라 시각화를 해볼까요?

### 고조선 건국 이야기

　옛날에 환인의 아들 환웅이 인간 세상에 관심을 두었다. 환인이 아들의 뜻을 알고 태백산 지역을 내려다보니 인간 세상을 널리 이롭게 할 만하였다.

환웅은 무리 삼천 명을 이끌고 태백산 꼭대기인 신단수에 내려와 그곳을 신사라고 불렀다. 환웅은 바람, 비, 구름을 다스리는 신하를 거느리고 인간 세상을 다스렸다.

어느 날, 곰과 호랑이가 환웅을 찾아와 사람이 되게 해 달라고 빌었다. 환웅은 100일 동안 햇빛을 보지 않고 쑥과 마늘을 먹으면 사람이 될 것이라고 하였다. 곰은 이를 잘 지켜 여자로 변해 웅녀가 되었다. 웅녀는 환웅과 결혼해 아들을 낳았고, 그 아들이 나중에 단군왕검이 되었다. 단군왕검은 평양성에 도읍을 정하고 나라 이름을 (고)조선이라고 하였다.

-초5-2, 사회 교과서, 미래엔

위 이야기의 핵심 사건은 환웅이 인간 세상에 관심을 두고 (고)조선을 세운 이야기입니다. 주인공이 이동한 공간에 따라 이야기를 정리하면 다음과 같습니다.

하늘의 환웅이 인간 세상에 관심을 둠 → 아버지 환인이 태백산 추천 → 환웅은 태백산의 신단수에 내려와 쑥과 마늘을 먹고 사람이 된 웅녀와 결혼 → 아들 단군왕검이 평양성에 도읍을 정하고 고조선 건국 이렇게 주인공이 어디로 이동했는지 화살표를 따라 정리하면 이야기가 체계적으로 머릿속에 남게 되지요.

## 인상적인 한 장면으로 요약하기

줄거리 가운데 중요한 부분을 아이들이 만화로 직접 그려 보는 것도 좋은 방법입니다. 한층 더 재미있고 생생하게 스토리를 기억할 수 있거든요. 그림을 그린 후에는 핵심적인 내용을 글로 적어 넣도록 지도해주세요.

# 시각화하여 책 내용 요약하기

## 1. 준비물

☐ 큰 종이 또는 스케치북

☐ 색연필 또는 마커

☐ 연필과 지우개

☐ 책 또는 학습 자료

## 2. 책 선택하기

책 제목:

저자:

장르:

## 3. 핵심 내용 추출하기_ 책을 읽으면서 주요 아이디어, 개념, 사실들을 적어봅시다.

1.

2.

3.

4.

5.

## 4. 시각화 방법 선택하기

책의 성격에 맞는 시각화 방법을 선택해봅시다.

☐ 생각그물

☐ 구조도

☐ 시간의 순서에 따라 시각화

☐ 공간의 이동에 따라 시각화

☐ 만화로 표현하기

☐ 기타: ..............................................................................

선택 이유: ..........................................................................

## 5. 초안 그리기_ 선택한 시각화 방법을 사용하여 대략적인 구조를 스케치해봅시다.

**6. 세부 내용 추가하기_** 초안에 키워드, 간단한 문장, 숫자 등을 추가해봅시다.

**키워드:**

1.

2.

3.

**중요 문장:**

1.

2.

3.

**7. 시각적 요소 추가하기_** 아이콘, 심볼, 그림 등을 추가하고, 색상을 활용하여 정보를 구분해봅시다.

**사용할 색상과 의미:**

색상 1:                    의미:

색상 2:                    의미:

색상 3:                    의미:

**사용할 아이콘/심볼:**

1. _____

2. _____

3. _____

## 8. 시각화 완성하기_ 초안, 세부 내용, 시각적 요소를 모두 통합하여 완성본을 만들어봅시다.

## 9. 검토 및 수정_ 다음 사항들을 기준으로 검토하고 수정이 필요한 부분이 있다면 따로 표시하세요.

□ 모든 중요한 정보가 포함되어 있나요?

□ 전체적인 구조가 명확한가요?

□ 시각적 요소가 정보 이해에 도움이 되나요?

□ 불필요한 내용을 덧붙이진 않았나요?

10. 활용 계획_ 위의 시각화한 내용을 어떻게 활용할 계획인가요?

□ 개인 복습 자료

□ 프레젠테이션 자료

□ 독서 토론 자료

□ 지식 도서관 구축

□ 기타:

**구체적 활용 계획:**

# 책 한 권을 나만의 생각으로 요약해요, 5W1H로 요약하기

5W1H는 누가Who, 언제When, 어디서Where, 무엇을What, 어떻게How, 왜Why의 약자로, 정보를 체계적으로 정리하는 데 널리 사용되는 방법이죠. 이 방법을 책 요약에 적용하면 책의 핵심 내용을 빠짐없이 정리할 수 있고, 나아가 깊이 있는 이해와 분석도 가능해집니다.

5W1H 요약의 장점은 아래처럼 다양합니다.

1. 체계적 정리: 책의 내용을 명확하고 구조화된 형태로 정리할 수 있습니다.
2. 핵심 파악: 가장 중요한 정보를 놓치지 않고 정리할 수 있습니다.

3. 비판적 사고 향상: 각 요소에 대해 깊이 생각함으로써 비판적 사고력을 기를 수 있습니다.

4. 기억력 증진: 구조화된 정보는 더 오래, 더 정확하게 기억됩니다.

5. 응용력 향상: 정리된 정보를 바탕으로 다양한 상황에 적용할 수 있습니다.

실제로 아이들을 지도하다 보면, 저학년 친구들도 5W1H 요약을 곧잘 해내곤 합니다. 처음부터 한 문장으로 요약하는 것을 어려워한다면, 좀 더 쉽게 접근할 수 있는 5W1H 요약으로 시도하는 것이 좋습니다.


## 5W1H 요약을 잘하려면

5W1H를 바탕으로 정리를 하려면 먼저 글 속 주인인 '누가'를 판별해야 합니다. 글의 주인을 찾는 연습을 충분히 했다면 이제 그 '주체'가 '무엇'을 했는지 파악해봅니다. 인물의 행동과 선택이 사건의 전개에 어떤 영향을 미쳤는지 알게 되므로, 자연스럽게 글의 흐름과 인과 관계를 파악할 수 있습니다.

만약 글의 주인공이 '사람'이 아닌 '무엇'이라면, 글 속의 핵심적인 사건이나 현상을 중심에 두어야겠지요. 그 사건이 '왜' 일어났는지 인과 관계를 파악하고, 사건의 전개와 결과가 '어떻게' 연결되는지도 이해해봅시다. '언제'와 '어디서'를 확인하는 것도 중요합니다. 글의 구조와 맥락을 파악할 수 있기 때문이죠.

아이와 책을 펴고 하나하나 천천히 짚어볼까요?

  누가

• 책의 주요 인물이나 조직을 파악합니다.
  소설의 경우: 주인공, 주요 등장인물
  비문학의 경우: 저자, 책에서 다루는 주요 대상

[예시 질문]
"누가 이야기의 중심인물이지?"
"무엇을 다룬 글이지?"
"책에서 가장 중요한 역할을 하는 사람은 누구야?"

언제

- 책 속의 시간적 배경을 파악합니다.

  소설의 경우: 이야기가 펼쳐지는 시대나 특정 시점

  비문학의 경우: 다루는 사건의 시기나 저술 시점

[예시 질문]

"이야기가 언제 일어났어?"

"책의 시대적 배경이 언제야?"

"이 책은 언제 쓰였을까? 그 시기가 내용에 어떤 영향을 미치고 있니?"

어디서

- 책의 공간적 배경이나 주요 사건이 일어나는 장소를 파악합니다.

  소설의 경우: 이야기의 주요 무대

  비문학의 경우: 다루는 주제와 관련된 지리적 위치

"이야기가 벌어지는 주요 배경은 어디야?"

"그 장소가 이야기의 흐름이나 주제에 어떤 영향을 미치고 있니?"

"여러 장소가 나오는데, 가장 중요한 곳은 어디야?"

무엇을

- 책의 주요 내용이나 핵심 주제를 파악합니다.

  소설의 경우: 줄거리의 핵심, 주요 사건

  비문학의 경우: 책이 전달하고자 하는 핵심 정보

"이 책은 주로 무엇에 대해 이야기하고 있어?"

"가장 중요한 사건이나 아이디어는 뭘까?"

"저자가 독자에게 전달하고자 하는 주제는 뭐라고 생각해?"

* 책의 내용이 어떤 방식으로 전개되는지 파악합니다.

  소설의 경우: 이야기의 전개 방식, 문제 해결 과정

  비문학의 경우: 저자의 논리 전개 방식, 연구 방법

[예시 질문]

"주인공은 어떻게 문제를 해결했니?"

"저자는 어떤 방식으로 자신의 주장을 뒷받침하고 있니?"

"책의 구조는 어떻게 이루어져 있어?"

* 책에서 다루는 사건이나 주장의 이유, 동기를 파악합니다.

  소설의 경우: 등장인물의 행동 동기, 사건의 원인

  비문학의 경우: 저자가 이 주제를 다루게 된 이유, 현상의 원인

[예시 질문]

"주인공은 왜 그런 선택을 했을까?"

"저자는 왜 이 주제에 대해 글을 썼을까?"

"이 책에서 다루는 현상이나 문제의 원인은 뭘라고 생각하니?"

## 실전!
## 5W1H 요약

 첫 번째 읽기

책을 처음 읽을 때는 5W1H를 염두에 두고 읽습니다. 각 요소에 해당하는 내용을 발견할 때마다 간단히 메모합니다.

 두 번째 읽기

첫 번째 읽기에서 놓친 부분이 없는지 확인합니다. 각 요소에 대해 더 깊이 있는 정보를 찾아 추가합니다.

요약문 작성

5W1H의 각 요소별로 내용을 정리하여 이를 바탕으로 요약문을 작성합니다. 이때 각 요소가 유기적으로 연결되도록 주의합니다.

 검토 및 수정

작성한 요약문을 다시 읽어보며 빠진 내용이나 부정확한 부분이 없는지 확인합니다. 필요하다면 책을 다시 참조하여 수정합니다.

# 5W1H 요약 연습

## 1. 책 선택하기

아이와 함께 읽을 책을 고릅니다. 아이의 관심사와 수준에
맞는 책을 선택해봅시다.

## 2. 5W1H 설명하기

아이에게 5W1H의 의미를 쉽게 설명해주세요.

Who: 누가?          When: 언제?          Where: 어디서?

What: 무엇을?       How: 어떻게?         Why: 왜?

## 3. 첫 번째 읽기

- 아이와 함께 책을 읽으면서 각 요소에 해당하는 내용을 찾
아봅시다.
- 색깔 스티커나 연필로 가볍게 표시해 둡니다.

## 4. 요약 노트 만들기

- 6칸으로 나눈 노트를 준비합니다. 각 칸에 누가, 언제, 어디
서, 무엇을, 어떻게, 왜를 적습니다.
- 첫 번째 읽기에서 찾은 내용을 간단히 적어봅시다.

| 책 제목 | | | | | |
|---|---|---|---|---|---|
| 누가 | 언제 | 어디서 | 무엇을 | 어떻게 | 왜 |
| | | | | | |
| | | | | | |
| | | | | | |
| | | | | | |

## 5. 두 번째 읽기

- 놓친 부분이 없는지 다시 한 번 꼼꼼히 읽어봅니다.
- 요약 노트에 새로 발견한 내용을 추가합니다.

## 6. 요약문 작성하기

- 요약 노트를 바탕으로 간단한 요약문을 작성해봅시다.
- 부모님이 아이의 수준에 맞게 도와주세요.

## 7. 함께 이야기 나누기

요약한 내용을 바탕으로 아이와 대화를 나눕니다.

"주인공이 왜 그렇게 행동했을까?"

"네가 주인공이라면 어떻게 했을 것 같아?"

## 8. 실생활과 연결하기

- 책의 내용과 실제 생활을 연결 지어 이야기해 봅니다.
- 이를 통해 책의 교훈을 실생활에 적용할 수 있습니다.


## 9. 진행 상황 체크리스트

☐ 책 선택하기

☐ 5W1H 설명하기

☐ 첫 번째 읽기

☐ 요약 노트 만들기

☐ 두 번째 읽기

☐ 요약문 작성하기

☐ 함께 이야기 나누기

☐ 실생활과 연결하기

# 주어와 서술어를 활용해서
# 깔끔한 문장으로 전달해요

영어가 5형식이라는 건 열심히 배워서 잘 아는 아이들도, 우리말의 종류가 몇 개인지 물으면 대답을 잘 못하는 경우가 더러 있습니다. 우리말의 기본 구조를 잘 모르는 것이죠.

그런데 한 문장으로 주제문을 요약하기 위해서는 먼저 우리 문장의 기본 구조를 알아야 합니다. 그래야 자신의 생각을 정리해서 조리 있게 표현할 수 있으니까요. 그러니 우리 말 문장의 구조를 모른다면, 이것부터 가르쳐 주어야 합니다. 이것을 할 줄 아는 아이들이 한 줄의 문장으로 남을 설득하고, 나의 말에 집중하도록 만들고, 흥미를 자아낼 수 있습니다.

우리말의 문장 구조는 기본적으로 다음 세 가지입니다.

- '누가/무엇이' 어찌하다(동사).
- '누가/무엇이' 어떠하다(형용사).
- '누가/무엇이' 무엇이다(서술격조사).

　여기서 서술어(주체의 행동이나 상태·성질을 설명하는 문장의 구성성분)에 무엇이 필요하냐에 따라서 목적어, 부사어, 보어 등이 들어가면서 문장이 길어질 뿐이죠. 자, 그러면 요약을 잘하기 위해 각각의 문장 구조를 들여다볼까요?

## [누가/무엇이 무엇이다]로 요약하기

　첫 번째 문장 구조는 서술격 조사 '이다'를 사용하는 것입니다. '이것은 책이다'처럼, 문장의 주제가 무엇인지 명확하게 정리할 수 있습니다. 특히 설명문에서 유용하게 쓸 수 있는 요약법으로, 개념을 설명하거나 핵심적인 사항을 정리할 때 흔히 사용하는 문장 구조입니다.

가정은 가족이 살아가는 데 기본이 되는 생활 터전이
므로, 행복한 삶을 살기 위해서는 무엇보다 건강한 가정
생활이 중요합니다.

건강한 가정은 가족 구성원의 다양한 요구를 배려하고
존중하며, 모두가 안정되고 행복한 가정을 말합니다. 건
강한 가정생활을 유지하기 위해서는 가족 구성원 간 이해
를 바탕으로 원활한 의사소통이 이루어져야 하며, 서로
협력하는 태도가 필요합니다.

건강한 가정생활은 가족 구성원이 신체적·정신적·사회
적으로 바람직하게 성장하고 발달하는 데 많은 도움을 줍
니다.

-초6, 실과 교과서, 미래엔


위의 내용은 6학년 실과 교과서에 나오는 내용으로 '건강
한 가정'에 대해 설명하고 있습니다. 이 내용을 한 줄로 요약하
면 '건강한 가정은 가족 구성원 간 원활한 의사소통을 바탕으로
협력하고 성장하는 행복한 곳이다'로 요약할 수 있습니다.

다른 예문도 볼까요?

자율주행차는 인공지능 기술의 발전과 더불어, 자동차 산업의 미래를 혁신할 기술로 손꼽히고 있습니다. 하지만 인간이 운전대를 컴퓨터와 로봇에게 넘기기에는 아직 풀지 못한 문제가 남아 있습니다. 이것이 바로 자율주행차의 윤리적 딜레마입니다.

　　자율주행 시스템에서는 인공지능이 스스로 판단하고 행동하게 되는데, 갑작스러운 위험 상황에 빠졌을 때 누구를 먼저 보호해야 하는가, 어떤 기준으로 판단할 것인가 하는 무거운 문제에 부닥치게 됩니다. 도덕적 판단을 인공지능에게 떠넘긴다면, 그 결과에 대한 책임을 누가 져야 할지 규명하기가 힘들 것입니다.

　　이처럼 시간과 비용을 아무리 많이 들여도 답을 구할 수 없는 어려운 문제를 '딜레마'라고 합니다. 앞으로 더욱 발전할 자율주행차나 인간형 로봇이 직면할 가장 커다란 문제는 윤리적 딜레마가 될 것입니다.


　　위 단락의 핵심 문장은 "자율주행차나 인간형 로봇이 직면할 가장 커다란 문제는 윤리적 딜레마가 될 것입니다."입니다. 이를 조금 더 개념화하여 요약하면 '미래 기술이 당면한 문제는 윤리적 딜레마이다.' 정도로 요약할 수 있겠죠.

이처럼 '누가/무엇이 무엇이다'는 요약문에 다양하게 활용되는 문장 구조입니다.


## [누가/무엇이 어떠하다]로 요약하기

'어떠하다'는 말은 주체의 성질이나 상태를 설명하는 형용사가 서술어가 된 경우를 말합니다. 형용사는 색, 모양 또는 감정을 표현하는 어휘죠. 그래서 대상을 자세히 묘사하거나 설명하는 단락에서 주로 쓰입니다.


원자 중 크기가 가장 작은 수소 원자의 지름은 약 100억분의 1m이고, 수소 원자핵의 지름은 수소 원자 지름의 약 10만 분의 1이다. 이처럼 원자는 매우 작아서 눈으로 볼 수 없어서 모형을 사용하여 나타낸다.

-중등, 과학2 교과서, 미래엔

위의 단락을 요약하면 '원자는 눈으로 볼 수 없을 만큼 작다'가 됩니다. 이해를 돕기 위해 예를 하나 더 들어보겠습니다.

서로 다른 지역적 특징은 두 지역의 기후 조건에도 영향을 미친다. 남극과 북극 가운데 어디가 더 추울까? 남극이 훨씬 춥다. 육지는 바다에 비해 쉽게 데워지고 쉽게 식는다. 남극은 이러한 육지가 밑에 있어서 한겨울에 해당하는 8월 무렵이면 높은 곳에서는 기온이 영하 70도 가까이 내려간다고 한다. 역사상 최저 기온은 영하 89도였다. 이러한 기후 조건 때문에 남극에는 연구를 목적으로 거주하는 사람들 외에는 원주민이 없다. 남극의 추위를 견뎌내기가 그만큼 어렵기 때문이다.

-중등1-2, 국어 교과서, 미래엔
(《살아 있는 과학 교과서 1》, 휴머니스트)

위의 글을 한 문장으로 요약하면 '남극은 빙하 아래가 육지로 되어 있어서 북극보다 춥고 원주민이 없다'가 됩니다. '춥다'와 '없다'는 상태와 성질을 나타내는 형용사죠. 이렇게 요약할 때는 서술어도 유의해서 봐야 합니다. 요약을 하라고 하면

312

핵심어로 명사만 찾는 경향이 있는데, 서술어로 쓰이는 용언이나 서술격 조사 '이다' 역시 중요한 핵심어입니다.

## [누가/ 무엇이 어찌하다]로 요약하기

마지막으로 살펴볼 문장 구조는 서술어가 '동사'로 되어 있는 문장입니다. 형용사 '어떠하다'가 대상을 설명하고 묘사하는 글에 주로 쓰인다면, 동사 '어찌하다'의 경우는 행동을 촉구하는 논설문에서 많이 쓰입니다.

우리 사회는 정보화가 빠르게 이루어지고 있습니다. 정보화는 정보가 중요한 자원이 되어 정보를 중심으로 사회가 운영되고 발전하는 것입니다. 정보화로 우리는 더 쉽고 빠르게 지식과 정보를 나누고 있습니다. 지식과 정보를 손쉽게 활용하면서 우리의 생활도 더 편리하고 다양하게 변화하고 있습니다.

-초4-2, 사회 교과서, 미래엔

교과서의 이 내용을 한 문장으로 요약할 때 핵심 서술어는 무엇이 될까요? '변화한다'겠죠. 무엇이 변화하는 건가요? '사회가' 변하는 겁니다. 따라서 이 단을 한 문장으로 요약하면 '정보화로 사회가 편리하고 다양하게 변화한다'라고 표현할 수 있습니다.

극지 연구는 자원 개발이나 활용보다는 기초 과학 부문에 더 가치를 두고 있다. 극지 연구도 기초 과학과 마찬가지로 그 결과가 빨리 나타나지 않아 주목받지 못했다. 극지 연구와 같은 기초 분야에 민간의 투자를 기대하기는 어렵다. 따라서 정부를 중심으로 공익성이 기대되는 극지 연구 분야에 장기적으로 투자할 필요가 있다.
    -중1-2, 국어 교과서, 미래엔(《국제신문》, 2016. 2. 22일자)

위 글의 중심 소재, 즉 제재는 '극지 연구'입니다. 그리고 중심 문장은 마지막 문장인 '정부 중심으로 공익성이 기대되는 극지 연구 분야에 장기적으로 투자할 필요가 있다'로 볼 수 있습니다. 이를 한 줄로 요약하면 '정부는 극지 연구에 장기적으로 투자해야 한다'가 됩니다. 이렇게 논설문의 경우는 '~해야 한다/~하자'의 주장을 담고 있기에 서술어를 집중해서 볼 필요가 있습니다. 이 단락은 명사형으로 요약해서 '정부 극지 연구 투자의 필요성'이라고 말할 수도 있습니다.

간단히 살펴본 세 가지 문장의 구조를 아이들이 잘 기억하고, 다양한 글에서 수시로 확인하고 활용하도록 도와주세요. 세 가지 문장 구조를 자유롭게 다루게 되면 어려운 글도 깔끔하고 수월하게 요약할 수 있게 됩니다.

# 주어와 서술어를 활용해 요약하기

### 1단계) 핵심 서술어 찾기

글을 천천히 읽고, 핵심 서술어를 찾아봅시다.

- 핵심 서술어: ......................................................................

### 2단계) 핵심 서술어의 주어 찾기

핵심 주어는 지금 읽고 있는 글의 주인이자 서술어의 주체입니다.

- 핵심 주어: ......................................................................

### 3단계) 핵심어 찾기

글을 천천히 읽으며 핵심어에 동그라미를 칩니다.

### 4단계) 핵심 문장 찾기

가장 중요한 문장을 찾아 밑줄을 긋거나 인덱스로 표시해봅시다.

5단계) 한 문장으로 요약하기

핵심적인 주어와 서술어를 바탕으로 핵심어를 활용해 중심 문
장을 써봅시다.

## 일상생활에서 요약력 키우기

☑ 저녁을 먹으며 그날 있었던 일 짧게 요약해보기

☑ 마인드맵이나 도표로 시각화해 보기

☑ 짧고 쉬운 글부터 시작해 긴 글로 수준 높이기

☑ 학교에서 배운 내용을 바탕으로 연습해보기

☑ 요약 일기 써보기

# 4

## 요약력으로 완성하는
## 자기주도 학습

# 초등부터 대입까지,
# 미래를 준비하는 필수 능력

## 일상에서 틈틈이, 즐겁게
## 요약하는 습관을 들여주세요

요약 능력은 단순히 글을 줄이는 것이 아니라, 핵심을 파악하는 중요한 기술이라고 말씀드렸습니다. 이는 학교 공부에서부터 미래의 직업 생활에 이르기까지 광범위하게 활용되는 필수적인 능력입니다. 물론 대학 입학 전형에서도 요약력은 중요합니다.

1장에서 살펴본 2024년 고려대학교 의과대학 계열적합전형 인적성 면접 문제를 다시 볼까요?

1. 1964년 침팬지의 심장이 사람에게 처음으로 이식되었고 환자는 2시간 동안 생존하였다.

2. 위 연구를 근거로 1967년에는 사람에서 사람으로 심장 이식이 성공적으로 진행되었고, 환자는 30여 년 이상 생존하였다. 그 이후 심장이식은 치료가 불가능한 말기 심부전 치료의 마지막 치료 방법으로 자리매김하였다.

3. 사람의 심장 이식은 공여자의 수가 제한적이라 이종 간의 이식의 필요성이 강조되어 왔다. 이종 이식의 문제를 해결하기 위한 노력이 지속되던 중 2022년 인간화된 돼지의 심장이 말기 심부전 환자에게 임상 연구를 통해 최초로 이식되었고 이식받은 환자는 30여 일간 생존하였다.

4. 이상의 성과를 달성하기 위해 수많은 동물실험이 진행되었다. 최근 동물보호 단체에서는 동물권을 존중하여 동물실험을 금지하고자 하는 운동을 전개하고 있다.


1. 제시문의 내용을 간단히 요약해보시오.

2. '제시문 1~3'의 내용으로부터 우리는 동물실험이 의학 발전에 크게 기여함을 알 수 있다. 그러나 '제시문 4'와 같이 동물실험을 제한하고자 하는 의견도 제시되고 있

지원자들에게 복잡한 의학 관련 제시문을 주고, 이를 빠르게 이해하고 핵심을 추출하여 자신의 의견을 논리적으로 제시하도록 요구하고 있습니다. 이는 단순한 암기력이 아닌, 고차원적인 사고력과 요약 능력을 평가하기 위한 것으로 이러한 추세는 앞으로 더욱 강화될 예정입니다.

그렇다면 우리 자녀들의 요약 능력을 어떻게 향상시킬 수 있을까요? 초등학생 시기부터 요약하는 연습을 꾸준히 하고, 이를 습관화하는 것이 중요합니다. 먼저, 자녀가 학교에서 배운 내용을 간단하게 정리해보도록 격려해주세요. 예를 들어, 과학 시간에 '동물의 한살이'를 배웠다면 그 내용을 3~4문장으로 요약해서 설명하도록 하는 거죠.

"개구리는 알에서 태어나 올챙이가 되고, 다리가 나오면서 개구리가 돼요. 이렇게 동물이 자라면서 모양이 변하는 걸 변태라고 해요.”

이렇게 연습을 하다 보면 핵심을 파악하고 표현하는 능력이 자연스럽게 향상됩니다. 좋아하는 책을 읽고 그 이야기를 간단하게 말해보는 연습도 효과적입니다. 우리가 잘 아는 '흥부와 놀부' 이야기를 예로 들어볼까요?

“흥부는 착했지만 가난했고, 놀부는 욕심쟁이였어요. 흥부가 제비를 도와줘서 박 씨를 받았는데, 그 박에서 보물이 나왔어요. 하지만 욕심쟁이 놀부는 오히려 벌을 받았어요.”

아이가 특히 좋아하는 관심 분야가 있다면, 그것을 주제로 삼아도 좋습니다. 즐겨 보는 만화의 스토리, 좋아하는 운동선수의 경기 내용 등을 간략히 설명해달라고 하는 거죠.

이런 연습을 통해 요약에 어느 정도 익숙해졌다면, 이제 서로 다른 책이나 과목을 연결 지어 생각해보도록 해주세요. 예를 들어, 과학 시간에 배운 '동물의 한살이'와 국어 시간에 배운 '의인화'를 이렇게 연결 지어볼 수 있겠죠.

“만약 개구리가 말을 할 수 있다면, 올챙이였을 때의 기억에 대해 뭐라고 할까?”

이러한 활동을 아이와 함께 즐겁게 실천해보시길 바랍니다. 자녀의 이야기를 경청하고, 격려해주세요. 때로는 부모님이 먼저 요약의 예시를 보여주는 것도 좋습니다. 뉴스를 함께 보고 난 후 그 내용을 간단히 요약해서 자녀에게 설명해주세요. 이렇게 일상에서 요약력을 적용하고 발휘할 수 있는 기회는 생각보다 많습니다.

이제, 우리 아이들이 이런 요약 능력을 바탕으로 지식을 어떻게 융합할 수 있을지를 살펴보겠습니다.

## 단순 암기는 그만! 우리 아이만의 지식 도서관을 만들어주세요

요약한 정보를 잘 정리해두면, 소중한 지식 도서관이 됩니다. 이 지식 도서관은 정보의 창고 역할만 하는 것이 아니라, 우리 아이의 학습과 성장을 돕는 도구가 됩니다. 이제 그 지식 도서관을 어떻게 만들 수 있는지 함께 알아보려 합니다. 이것은 마치 아이의 방을 함께 정리하는 것과 비슷해요. 옷은 옷장에, 장난감은 상자에 넣듯이, 요약한 정보도 그 특성에 맞게 분류하고 정리해야 합니다.

가장 먼저 할 일은 주제별로 분류하는 거예요. 예를 들어, 3학년 국어 시간에 배운 〈소똥 밟은 호랑이〉 이야기를 요약했다면, '국어' 폴더 안의 '전래동화' 구역에 넣을 수 있겠죠. 4학년 과학 시간에 배운 '식물의 한살이' 요약 내용은 '과학' 폴더의 '식물' 섹션에 넣습니다. 이렇게 체계적으로 정리하면 나중에 찾아보기도 쉽고, 관련 내용들을 한눈에 볼 수 있어 복습하기도 좋습니다.

이때 날짜를 기록하는 것이 중요합니다. 언제 배웠고, 무슨 수업이었는지를 적도록 해주세요. 예를 들어 '2024년 9월 15일 – 5학년 사회 수업 – 인권 존중과 정의로운 사회' 이런 식으로요. 이렇게 하면 시간이 지나면서 아이의 지식이 어떻게 발전했는지 확인할 수 있고, 학년이 높아지면서 연계 학습을 진행할 수 있습니다.

요약한 내용에는 반드시 출처를 남겨두세요. 책에서 요약했다면 책 제목과 페이지를, 인터넷에서 찾은 정보라면 웹 사이트 주소를 적어두는 거죠. 이렇게 하면 나중에 더 자세히 알고 싶을 때 해당하는 내용을 쉽게 찾아볼 수 있습니다.

키워드를 활용하는 것도 좋은 방법입니다. 요약한 내용을 대표할 수 있는 단어들을 골라 따로 적어두세요. 예를 들어, 5학년 과학 시간에 배운 '다양한 생물과 우리 생활'을 요약한다면, '첨단 생명과학, 균류, 세균' 같은 키워드를 적어둘 수 있겠죠. 이 키워드들은 나중에 정보를 빠르게 찾는 데 도움이 됩니다.

가능하다면, 요약한 내용들 사이에 연결고리를 만들어보세요. 예를 들어, 5학년 과학 시간에 배운 '생물과 환경'과 6학년 사회 시간에 배운 '기후에 따른 주민들의 생활 모습'을 관련 지어 보는 거예요. '환경에 따라 생물의 생존 방식이 다르듯 인간 역시 환경에 따라 인문 환경 및 문화가 달라질 수 있다'라고 연결 지을 수 있겠죠. 이를 통해 아이는 '다양성 및 상대주의 관점'을 익힐 수 있어요. 이런 식으로 서로 다른 주제 사이의 관계를 표시해두면, 아이의 지식이 한층 풍부해질 수 있습니다.

## 가만히 저장된 정보가 아니라 실제 삶에 적용하는 지식으로

이러한 작업의 핵심은, 요약한 정보를 단순히 저장해두는 것에 그치지 않고 실제 생활에 적용해보는 것입니다. 이는 마치 레고 블록을 조립하는 것과 비슷해요. 각각의 정보라는 레고 블록들을 조합해서 하나의 새로운 아이디어나 해결책을 만들어내는 거죠.

이런 활동을 통해 아이들은 단순한 암기를 넘어 진정한 의미의 이해력과 응용 능력을 기를 수 있습니다. 아이들이 배운 내용을 자신의 것으로 만들고, 실제 삶에 적용할 수 있게 되는 거죠. 이는 미래 사회에서 꼭 필요한 창의적 문제 해결 능력의 기초가 됩니다.

　　2024년 고려대학교 의과대학 계열적합전형 면접 문제가 요구하는 것도 마찬가지입니다. 이 전형에서는 단순한 암기력이 아닌, 깊이 있는 이해와 응용 능력을 평가합니다.

　　예를 들어, 면접관이 "코로나19 팬데믹이 우리 사회에 미친 영향에 대해 설명해보세요"라는 질문을 했다고 가정해봅시다. 이때 단순히 감염병의 특성만 나열하는 것은 충분하지 않습니다. 우리 아이가 평소에 요약하고 연결해온 다양한 지식을 활용할 수 있도록 연습하면 분명 도움이 될 것입니다. 예를 들어 볼까요.

　　"코로나19 팬데믹은 우리 사회에 광범위한 영향을 미쳤습니다. 먼저 보건 측면에서, 감염병의 빠른 전파로 의료 시스템에 큰 부담을 주었습니다. 이는 생명과학 수업 시간에 배운 '바이러스의 특성'과 관련이 있습니다. 바이러스는 숙주 세포를 이용해 빠르게 증식하는데, 이로 인해 감염자가 기하급수적으로 늘었습니다.
　　경제적으로는, 사회 시간에 배운 '경제 활동의 상호 의존성'을 실제로 경험했습니다. 식당이 문을 닫으면 식자재 공급업체도 어려워지고, 이는 다시 농부들에게 영향을 미치는 식이죠. 이런 현상은 마치 과학 시간에 배운 '생태계의 먹이사슬'과도 비슷합니다.

사회적 측면에서는, 도덕 시간에 배운 '공동체 의식'의 중요성을 깨달았습니다. 마스크 착용과 사회적 거리두기는 개인의 불편함을 감수하면서 공동체를 위해 협력하는 모습을 보여주었다고 생각합니다.

교육 분야에서는, 온라인 수업이 늘어나면서 국어 시간에 배운 '미디어 리터러시'의 중요성이 커졌습니다. 정보를 비판적으로 분석하고 활용하는 능력이 더욱 필요해졌습니다.

마지막으로, 이 팬데믹은 과학 시간에 배운 '지구 온난화와 기후변화'와도 연관이 있습니다. 환경 파괴로 인한 생태계 변화가 새로운 바이러스의 출현을 촉진할 수 있다는 점을 고려하면, 이는 단순한 보건 문제를 넘어선 전 지구적 과제라고 볼 수 있습니다."

이처럼 단순히 코로나19의 특성만을 나열하는 것이 아니라, 다양한 분야의 지식을 유기적으로 연결하여 실제 상황에 적용하는 종합적인 시각을 보여줄 수 있습니다. 이는 바로 우리가 강조하는 '요약-연결-활용'의 힘을 보여주는 좋은 예시입니다.

면접관이 "앞으로의 의료 기술 발전 방향에 대해 본인의 생각을 말해보세요"라고 질문한다면, 과학 기술의 발전 트렌드, 윤리적 고려 사항, 사회경제적 영향 등 다양한 측면을 고려해 대답할 수 있을 것입니다. 평소에 다양한 분야의 지식을 요약하고 연결하는 습관이 되어 있다면 충분히 가능한 일이죠. 이러한 역량을 갖춘 아이들은 당장의 시험만이 아니라, 앞으로 삶에서 마주칠 어떤 도전도 슬기롭게 극복할 수 있을 것입니다. 이것이 바로 우리가 '요약의 힘'을 강조하는 이유입니다.

# 나만의 지식 도서관 만들기

아래의 템플릿을 바탕으로 지식 도서관 워크북을 만들면, 아이들이 체계적으로 정보를 정리하고 활용하는 데 도움이 됩니다. 각 페이지는 아이들마다 필요에 따라 조정할 수 있으며, 디지털 버전으로 만들어 쉽게 수정하고 검색하도록 할 수도 있습니다.

페이지를 자유롭게 넣고 뺄 수 있는 문서 폴더를 사용하는 것도 좋은 방법입니다. 새로운 정보를 계속 추가하거나, 필요 없어진 정보를 삭제하기가 한결 쉬워지니까요. 문서 폴더는 과목별로 색깔을 다르게 하거나, 탭을 이용해 구분해도 좋습니다.

[첫 페이지]

나만의 지식 도서관

이름:

학년:

[목차 페이지]

1. 국어

2. 수학

3. 사회

4. 과학

5. 영어

[각 과목 섹션 첫 페이지](예시: 과학)

과학의 세계로 떠나는 여행

이 섹션에서 배울 주요 주제들:

- 생물의 구조와 기능

- 물질의 성질

- 지구와 우주

- 힘과 에너지

[요약 정보 기록 페이지]

날짜:                    주제:

출처:

주요 키워드:

요약 내용:

관련 주제/아이디어: ........................................................

실생활 적용 방법: ..........................................................

........................................................................

이해도:

★☆☆☆☆ ★★☆☆☆ ★★★☆☆ ★★★★☆ ★★★★★

[과목 섹션 마지막 페이지]

나의 생각 정리하기

........................................................................

........................................................................

........................................................................

[워크북 마지막 페이지]

색인

1. .....................................................................

2. .....................................................................

3. .....................................................................

# 오늘부터 시작하는 교과 융합, 지식을 연결하고 통합해요

정보를 연결할 때
살아 있는 지식이 된다

　요약한 정보를 연결하는 게 왜 중요할까요? 우리가 살아가는 세상이 복잡하고 서로 연결되어 있기 때문입니다. 현대사회는 복잡한 그물망과 같아서, 하나의 실타래를 당기면 여러 곳이 함께 움직입니다. 이런 세상에서는 단편적인 지식만으로는 문제를 해결하기 어렵습니다. 예를 들어, 기후 변화 문제를 생각해봅시다. 이 문제를 제대로 이해하고 해결책을 찾으려면 대기과학, 생태학, 경제학, 국제관계학 등 다양한 분야의 지식이 필요합니다. 그렇기에 여러 과목에서 배운 내용을 서로 연결할 수 있는 능력은 일상을 살아가고, 살면서 만나는 수많은 문제를 해결하는 데 큰 도움이 되는 자산입니다.

또한, 정보를 연결하는 능력은 창의력을 발휘하기 위해서도 필요합니다. 서로 관련 없어 보이는 정보들 사이에서 연결고리를 찾고 하나의 큰 주제로 통합하는 과정에서 새로운 아이디어가 탄생할 수 있습니다. 이런 '발견'은 빠르게 변화하는 미래 사회에서 매우 중요한 역량이 될 것 입니다.

그러면 어떻게 정보를 연결할 수 있을까요? 과학 시간에 배운 '지구 온난화'와 사회 시간에 배운 '환경 문제'를 연결해볼까요? 이 두 가지 개념을 연결하기 위해서는 먼저 각 개념의 정의와 의미를 정확히 알아야겠죠. 지구 온난화는 지구의 평균 기온이 상승하는 현상을 말하고, 환경 문제는 인간의 활동으로 자연환경이 악화되는 현상을 말합니다.

그럼 이제 이 두 개념 사이의 관계를 생각해봅니다. 지구 온난화는 환경 문제의 한 종류이며, 동시에 다른 환경 문제를 일으키는 원인이 되기도 합니다. 예를 들어, 지구 온난화로 인해 해수면이 상승하고, 이는 해안 지역의 생태계 파괴라는 또 다른 환경 문제를 일으킵니다. 이렇게 두 개념 사이의 인과 관계를 파악하면서 정보를 연결해나가는 것입니다.

또 다른 예를 살펴볼게요. 국어 시간에 배운 '시'와 음악 시간에 배운 '노래'를 연결해볼까요? 시와 노래는 모두 언어를 사용해 감정을 표현하는 예술 형태입니다. 시는 함축적인 언어로 감정과 생각을 표현하는 문학 작품이고, 노래는 멜로디와 리듬에 가사를 붙여 감정을 표현하는 음악 작품입니다.

이 두 개념을 연결하기 위해 공통점과 차이점을 찾아봅니다. 공통점으로는 둘 다 운율을 사용한다는 점, 감정을 표현한다는 점 등이 있습니다. 차이점으로는 시는 주로 글로 읽히지만 노래는 음악과 함께 불린다는 점 등이 있습니다. 이렇게 공통점과 차이점을 찾으면 두 개념을 더 깊이 이해하고 연결할 수 있습니다.

## 통합의 기술, 이렇게 가르쳐주세요

이러한 통합의 과정을 아이들이 익숙하게 다루게 하려면 어떻게 해야 할까요?

첫째, 각 과목의 요약 노트를 한 곳에 모아두세요. 이렇게 하면 여러 과목의 내용을 한눈에 볼 수 있어 연결고리를 찾기 쉬워집니다.

둘째, 새로운 내용을 배울 때마다 "이 내용은 다른 과목에서 배운 어떤 내용과 관련이 있을까?"라고 스스로 묻도록 해주세요. 이런 습관은 자연스럽게 정보를 연결하는 능력을 키워줍니다.

셋째, 여러 과목의 내용을 통합하는 프로젝트를 아이와 함께 진행해보세요. 예를 들어, 환경 문제에 대한 포스터를 만들 때 과학 시간에 배운 지구 온난화의 원인, 사회 시간에 배운 환경 정책, 미술 시간에 배운 시각적 표현 방법을 모두 활용할 수 있습니다. 이런 활동을 통해 여러 과목의 지식을 자연스럽게 연결하는 경험을 할 수 있습니다.

넷째, 배운 내용을 실생활과 연결 지어보세요. 예를 들어, 수학 시간에 배운 비율의 개념을 요리할 때 재료의 양을 조절하는 데 적용할 수 있습니다. 이렇게 학교에서 배운 내용을 일상생활에 직접 적용해보면, 지식이 더욱 의미 있게 다가오고 오래 기억에 남게 됩니다.

다섯째, 친구들과 함께 서로의 생각을 나누도록 해주세요. 같은 내용이라도 사람마다 의견과 느낌이 다를 수 있음을 이해하고, 더 다양한 연결고리를 발견할 수 있습니다. 또한 다른 사람의 관점을 이해하는 능력도 기를 수 있습니다.

마지막으로, 정기적으로 배운 내용을 정리하고 연결해보

는 시간을 가지세요. 예를 들어, 일주일에 한 번씩 그 주에 배운 내용들을 정리하고 서로 어떻게 연결될 수 있는지 정리해보는 것도 좋은 습관입니다. 이런 작은 습관들이 쌓여 장기적으로 아이에게 큰 도움이 될 것입니다.

## 큰 그림으로 나아가는 7단계

우리 아이들에게 필요한 것은 각 과목에서 배운 지식을 따로 외우는 것이 아니라, 이들을 하나의 큰 그림으로 연결할 수 있는 능력입니다. 이는 마치 퍼즐 조각들을 맞추어 전체 그림을 완성하는 것과 같습니다. 우리 아이들이 미래 사회의 리더로 성장하기 위해서는 이러한 '큰 그림 그리기' 능력이 필수적입니다.

이제 학생들이 실제로 이 방법을 어떻게 적용할 수 있는지 구체적으로 살펴보겠습니다.

1. 모든 과목의 요약 노트를 한 자리에 모읍니다. 국어, 수학, 과학, 사회, 음악, 미술 등 모든 과목의 노트를 펼쳐놓으세요.

2. 각 과목에서 배운 주요 개념들을 작은 카드나 포스트잇에 적어봅니다. 한 장에 하나의 개념만 적는 것이 좋습니다.
3. 이 카드들을 비슷한 주제끼리 모아봅니다. 예를 들어, '자연'이라는 주제로 과학의 '생태계', 사회의 '환경 보호', 미술의 '자연 풍경화' 등을 모을 수 있습니다.
4. 모아진 카드들을 큰 종이나 보드에 붙이고 서로의 관계를 선으로 연결해봅니다. 이 과정에서 새로운 연결고리를 발견할 수 있습니다.
5. 각 주제별로 모아진 정보들을 종합하여 하나의 큰 이야기나 설명을 만들어봅니다. 이 과정에서 각 정보들이 어떻게 서로 연결되는지, 어떤 의미가 있는지 깊이 생각해보세요.
6. 만들어진 큰 그림을 다른 사람에게 설명해봅니다. 친구나 가족에게 설명하면서 자신의 이해도를 확인하고 새로운 통찰을 얻을 수 있습니다.
7. 정기적으로 이 과정을 반복합니다. 새로운 정보를 배울 때마다 기존의 큰 그림에 추가하고 수정하는 과정을 거치면 지식의 지도가 점점 더 풍부해질 것입니다.

이러한 방식의 학습은 평생 학습의 기반이 됩니다. 새로운 정보를 기존의 지식 체계에 통합하는 능력은 평생 동안 새로운 것을 학습하고 적응하는 데 큰 도움이 되지요. 이렇게 만들어진 지식 도서관은 다음 단계인 자기주도 학습의 기반이 됩니다.

# 교과 융합하기

## 1. 교과 내용 융합하기

### [주간 학습 요약]

이번 주에 배운 내용을 과목별로 간단히 요약해보세요.

- 국어: ........................................................................
- 수학: ........................................................................
- 과학: ........................................................................
- 사회: ........................................................................
- 영어: ........................................................................
- 기타: ........................................................................

### [연결고리 찾기]

위에서 요약한 내용 중 서로 연결될 수 있는 것들을 찾아 선
으로 연결해보세요. 그리고 왜 연결된다고 생각하는지 간단
히 설명해보세요.

• 연결 1:

설명:


• 연결 2:

설명:


## [실생활 적용하기]

이번 주에 배운 내용 중 하나를 선택하여 실생활에 어떻게 적용할 수 있을지 적어보세요.


배운 내용:

실생활 적용 방법:


## [창의적 문제 해결]

다음의 문제를 해결하기 위해 여러 과목에서 배운 지식을 어떻게 활용할 수 있을지 생각해보세요.


문제: 우리 동네의 쓰레기 문제를 해결하려면 어떻게 해야 할까요?

• 과학 지식 활용:

• 사회 지식 활용:

• 수학 지식 활용:

• 국어 지식 활용:

## 2. 주제별 묶기

**[주제: 자연과 환경]**

활동 1: 다음 개념들을 '자연과 환경'이라는 큰 주제로 어떻게 연결할 수 있을지 생각해보세요.

• 과학: 생태계, '벌의 개체 수 감소'

• 사회: 환경 보호, 지속 가능한 발전

나의 생각:

활동 2: 위의 개념들을 활용하여 '자연과 환경'에 대한 마인드맵을 그려보세요.

활동 3: '자연과 환경'을 주제로 한 짧은 글을 작성해보세요. 위의 개념들을 최대한 많이 활용해보세요.

**[주제: 시간과 변화]**

**활동 1:** 다음 개념들을 '시간과 변화'라는 큰 주제로 어떻게 연결할 수 있을지 생각해보세요.

• 과학: 지구의 자전과 공전

• 사회: 역사적 사건의 변화

나의 생각:

**활동 2:** 위의 개념들을 활용하여 '시간과 변화'에 대한 그림을 그려보세요.

활동 3: '시간과 변화'와 관련된 실생활 예시를 3가지 이상 적어보세요.

**[주제: 문화와 소통]**

활동 1: 다음 개념들을 '문화와 소통'이라는 큰 주제로 어떻게 연결할 수 있을지 생각해보세요.

• 국어: 의사소통, 문학 작품
• 사회: 다문화 사회, 세계화

나의 생각:

활동 2: '문화와 소통'이라는 주제로 4컷 만화를 그려보세요.

활동 3: 다른 나라의 문화를 이해하고 소통하는 것이 왜 중요한지 5문장 이내로 설명해보세요.

## 3. 나만의 통합 주제를 만들어보세요.

활동 1: 관심 있는 주제를 하나 정해보세요. 그리고 그 주제와 관련된 내용을 각 과목에서 찾아 적어보세요.

나의 주제:

• 국어:

• 수학:

• 사회:

• 과학:

• 영어:

• 음악:

• 미술:

**활동 2:** 위에서 정한 주제로 포스터를 만들어보세요. 각 과목에서 찾은 내용을 모두 포함시켜 보세요.

**활동 3:** 여러분이 만든 통합 주제에 대해 '3분 발표'를 준비해보세요. 발표 전에 어떤 내용을 어떤 순서로 말할지 간단히 적어보세요.

# 한 줄에서 시작하는
# 무한 잠재력

## 복잡한 것을 단순하게 만드는
## 한 줄의 마법

우리는 매일 수많은 정보를 접합니다. 뉴스, 책, 인터넷, 친구들과의 대화 등 모든 것이 정보의 원천이죠. 하지만 이 모든 정보를 그대로 기억하고 이해하기란 쉽지 않아요. 그래서 우리에게 필요한 것이 바로 '한 줄 정리'와 '한 줄 설명'이에요. 이것은 복잡한 내용을 간단하고 명확하게 만드는 강력한 도구입니다.

먼저, '한 줄 정리'란 긴 내용을 핵심만 뽑아 한 문장으로 줄이는 것을 말합니다. 예를 들어, 길고 복잡한 소설을 읽었다면 그 전체 내용을 한 문장으로 요약하는 거죠. '사랑하는 사람을 위해 모든 것을 바친 한 남자의 이야기'처럼 말이에요.

'한 줄 설명'은 어떤 개념이나 아이디어를 간단하게 '정의' 내리는 겁니다. 복잡한 과학 이론이나 철학적 개념도 한 문장으로 설명할 수 있어요. 예를 들어, 상대성 이론을 '시간과 공간이 절대적이지 않고 관찰자에 따라 달라질 수 있다는 이론'이라고, 자신의 언어로 쉽게 정의 내릴 수 있겠죠.

'한 줄 정리'와 '한 줄 설명'은 비슷해 보이지만 실제로는 다른 목적을 가지고 있습니다. '한 줄 정리'는 이미 존재하는 긴 내용을 짧게 압축하는 거예요. 마치 긴 영화를 본 후 친구에게 "이 영화는 결국 용기와 희생에 관한 이야기야"라고 말하는 것과 같습니다. 긴 내용의 핵심을 뽑아 한 문장으로 만드는 거죠.

반면에 '한 줄 설명'은 복잡한 개념이나 추상적인 내용을 쉽게 풀어서 설명하는 거예요. 어린 동생에게 '중력'이 뭔지 설명할 때 "지구가 모든 물체를 끌어당기는 힘이야"라고 간략하게 말하는 경우가 그렇지요. 어려운 것을 누구나 이해할 수 있게 쉽게 설명하는 거죠.

## 설명할 수 있어야
## 내 지식이다

'한 줄 정리'와 '한 줄 설명'은 모두 복잡한 것을 단순하게 만드는 강력한 도구입니다. 중요한 사실은 '한 줄로 설명할 수 있어야 완전히 이해한 것'이라는 겁니다. 우리가 배운 내용을 간단하고 명확하게 다른 사람에게 설명할 수 있다면, 그 내용을 진정으로 이해했다는 뜻입니다.

한 줄로 설명하는 과정은 단순히 암기한 것을 그대로 말하는 게 아닙니다. 우리가 배운 내용을 자신만의 언어로 재구성하고, 핵심만을 뽑아내는 과정이에요. 이 과정을 통해서 우리는 그 지식을 진정한 내 것으로 만들게 됩니다.

또한, 다른 사람에게 설명할 수 있다는 것은 그 지식을 실제로 적용할 수 있다는 뜻이기도 해요. 따라서 '한 줄 정리'와 '한 줄 설명'은 단순히 정보를 압축하거나 쉽게 풀어내는 것 이상의 의미가 있습니다. 우리가 그 정보를 완전히 이해하고 자기화했는지를 확인하는 중요한 과정입니다. 아이들이 새로운 내용을 배울 때마다 "이걸 다른 사람에게 한 줄로 어떻게 설명할 수 있을까?"라고 스스로 생각해보는 습관을 들인다면 좋겠습니다. 학습과 이해의 깊이가 훨씬 더 깊어질 거예요.

이 과정에서 중요한 것은 핵심을 파악하는 능력이에요. 수많은 정보 가운데 가장 중요한 것, 꼭 기억해야 할 것을 골라내는 과정은 일종의 보물찾기와도 같습니다. 기억할 것은, 단순화는 정보를 버리는 게 아니라 재구성하는 것이라는 사실입니다. 긴 내용을 한 줄로 줄이되, 원래의 의미를 최대한 살리는 것이 중요합니다. 이는 창의력을 필요로 하는 작업이에요. 같은 내용이라도 어떻게 표현하느냐에 따라 전달되는 느낌이 달라질 수 있거든요. 그래서 한 줄 정리와 한 줄 설명을 잘한다는 것은 어휘력이 뛰어나다는 의미이기도 합니다. 복잡한 내용을 명쾌하게 표현하려면 적절한 단어 선택이 중요하거든요. 이를 고민하는 과정에서 아이들은 더 풍부하고 정확한 어휘를 선별하여 사용하게 됩니다. 이는 아이들의 전반적인 의사소통 능력을 높여주는 효과를 불러옵니다.

# 한 줄 정리하기

## 1. '한 줄 정리' 연습

### (가) 책 정리하기

• 책 제목:

• 내용(2~3문장으로):

• 한 줄 정리:

### (나) 영화 정리하기

• 영화 제목:

• 줄거리(2~3문장으로):

• 한 줄 정리:

**(다) 수업 내용 정리하기**

• 과목:

• 배운 내용(2~3문장으로):

• 한 줄 정리:

## 2. '한 줄 설명' 연습

**(가) 과학 개념 설명하기**

• 개념: 광합성

• 한 줄 설명:

**(나) 역사적 사건 설명하기**

사건: 프랑스 혁명

• 한 줄 설명:

**(다) 추상적 개념 설명하기**

개념: 자유

• 한 줄 설명:

## 3. '한 줄 정리'와 '한 줄 설명' 비교하기

• 주제: 민주주의

• 한 줄 정리(민주주의의 역사를 요약):

• 한 줄 설명(민주주의가 무엇인지 설명):

• 차이점 분석:

## 4. 실전 연습

**(가) 오늘의 뉴스 한 줄 정리:**

(나) 새로 배운 단어 한 줄 설명:

(다) 친구에게 들은 이야기 한 줄 정리:

## 5. 자기 평가

• 오늘의 연습 중 가장 어려웠던 것:

이유:

• 가장 잘했다고 생각하는 것:

이유:

# 요약을 통한
# 자기주도 학습 능력 키우기

## 진정한 학습을 위한
## 3가지 기술

　　우리는 종종 책을 읽거나 강의를 듣고 나서 '이제 다 알았어'라고 생각합니다. 하지만 정말 그럴까요? 단순히 읽거나 듣는 것만으로는 진정한 이해에 도달하기 어렵습니다. 진정한 이해와 학습을 위해서는 '읽고, 요약하고, 설명하는' 과정이 필요합니다. 이 과정을 통해 우리는 정보를 더 깊이 있게 처리하고, 장기 기억으로 저장할 수 있습니다.

## 읽기: 능동적인 상호작용

먼저 '읽기'에 대해 이야기해볼까요? 읽기는 정보를 받아들이는 첫 단계입니다. 하지만 단순히 글자를 눈으로 훑는 것은 진정한 읽기가 아닙니다. 능동적으로 읽어야 합니다. 이게 무슨 뜻일까요? 글을 읽으면서 끊임없이 질문을 던지고, 중요한 부분에 밑줄을 긋거나 메모하는 것을 의미합니다. 예를 들어, 역사책을 읽을 때 '이 사건이 왜 일어났을까?', '이 결정이 후대에 어떤 영향을 미쳤을까?' 등의 질문을 스스로에게 던지는 것이죠. 이렇게 하면 정보를 단순히 받아들이는 데서 그치는 게 아니라, 그 정보와 적극적으로 상호작용하게 됩니다.

 ## 요약하기: 나의 언어로 정리하기

다음은 '요약하기'입니다. 요약은 읽은 내용을 자신의 언어로 정리하는 과정입니다. 앞에서도 말했듯이 이는 단순히 글의 길이를 줄이는 것이 아닙니다. 핵심 아이디어를 찾아내고, 그것들 사이의 관계를 파악하며, 전체 내용을 구조화하는 작업입니다.

요약할 때는 자신만의 방식을 찾는 것이 좋습니다. 어떤 사람은 글로 쓰는 것을 선호하고, 또 어떤 사람은 마인드맵이나 도표를 그리는 방법이 더 잘 맞습니다. 자신에게 가장 효과적인 방법을 찾아 꾸준히 실천해보세요.

 **3   설명하기: 타인에게 전달하며 다듬어 나가기**

마지막으로 '설명하기'입니다. 이는 요약한 내용을 다른 사람에게 전달하는 과정입니다. 자신의 말로 풀어서 상대방이 이해하기 쉽게 전달하는 과정에서 우리는 자신이 이해한 내용의 깊이를 확인할 수 있습니다. 만약 어떤 부분을 설명하기 어렵다면, 그 부분에 대한 이해가 부족하다는 뜻이니까요. 나중에 그 부분을 보완하면서 지식 체계를 다듬어나갈 수 있습니다.

읽고, 요약하고, 설명하기. 이 세 가지 과정은 서로 밀접하게 연관되어 있습니다. 읽을 때 요약을 염두에 두면 더 집중해서 읽게 되고, 요약할 때 설명을 염두에 두면 더 명확하게 정리하게 됩니다. 그리고 설명하는 과정에서 부족한 부분을 발견하면 다시 읽고 요약하는 과정으로 돌아가게 됩니다. 이런 순환 과정을 통해 우리의 이해는 점점 더 깊어지고 견고해집니다.
물론 읽기와 요약하기, 설명하기를 병행하는 것은 단순히 읽는 것보다 더 많은 시간과 에너지가 필요한 일입니다. 하지만 이는 결코 낭비가 아닙니다. 이 과정을 통해 얻은 깊이 있는 이해와 장기적인 기억은 그 노력을 충분히 보상해줄 것입니다. 꾸준히 실천한다면, 우리 아이들은 더 효과적으로 학습하고, 더 명확하게 사고하며, 더 자신 있게 의사소통할 수 있게 될 것입니다.

## 가장 효과적인 복습 방법

아이들이 학교에서 배운 내용을 잘 기억하게 하는 것, 참 어렵죠? 하지만 요약을 활용하면 복습이 훨씬 쉬워질 수 있어요. 여기 몇 가지 방법을 소개합니다.

먼저, 아이와 함께 요약한 내용을 큰 소리로 읽어봅니다. 마치 아이가 선생님이 되어 부모님에게 설명하는 것처럼요. 예를 들어, 과학 시간에 배운 '지층과 화석'에 대해 아이가 요약한 내용을 함께 읽어보세요.

"오랜 세월 동안 자갈, 모래, 진흙 등이 층층이 쌓여 단단히 굳어진 것을 지층이라고 한다."

다음으로, 아이에게 요약한 내용을 보지 않고 기억나는 대로 말해보도록 해주세요. 역사 시간에 배운 '고구려, 백제, 신라의 발전 과정'을 보지 않고 설명하다 보면, 기억하지 못하는 부분도 분명 생길 거예요. 그럴 때는 요약 노트를 보고 직접 확인하게 해주세요. 이런 과정을 반복하면 아이의 기억은 점점 더 정교해질 겁니다.

요약한 내용을 바탕으로 퀴즈를 만들어보는 것도 좋습니다. 예를 들어, 국어 시간에 '비유하는 표현'을 배웠다면 은유법, 직유법, 의인법에 관한 퀴즈를 아이가 만들어보는 거죠. 아이가 만든 문장이 각각 어떤 비유법에 해당하는지 부모님이 그 퀴즈를 풀어보세요. 퀴즈를 만드는 과정에서 아이는 비유법에 대한 개념을 다시 한 번 확인할 것이고, 부모님은 아이의 학습 상황을 파악할 수 있을 것입니다.

요약 내용을 그림이나 도표로 바꿔보는 것도 효과적입니다. 예를 들어, 수학 시간에 배운 '분수' 개념을 시각적으로 표현해보면, 추상적인 개념도 직관적으로 이해할 수 있습니다.

플래시카드를 만들어보는 것은 어떨까요? 앞면에는 단어나 질문을, 뒷면에는 뜻이나 답을 적는 거예요. 꼭 글로만 적는 것이 아니라 상징적인 그림으로 답을 표현해도 좋습니다. 이 방법으로 개념어 카드를 만들어볼 수도 있겠죠. 카드를 틈틈이 들여다보면서 복습하는 습관을 들이기에도 좋습니다.

이렇게 다양한 방법으로 요약 내용을 복습하면, 아이들의 머릿속에 지식이 탄탄하게 쌓이는 걸 느낄 수 있을 거예요. 부모님도 이 과정에 함께 참여하면서 아이의 학습을 도와주세요. 함께하다 보면 아이의 학습 스타일을 파악할 수 있고, 어떤 방법이 우리 아이에게 가장 효과적인지도 알 수 있을 거예요.

## 요약을 통해
## 새로운 학습 목표 설정하기

요약은 새로운 학습 목표를 세울 때도 꼭 필요합니다. 이 것은 아이들이 스스로 공부하는 힘을 기르는 데 정말 중요한 과정이기도 해요. 아이들이 그 힘을 기를 수 있도록 부모님이 옆에서 도와주셨으면 합니다.

아이가 요약한 내용을 천천히 함께 읽어보세요. 그리고 아이에게 물어보세요.

"혹시 여기서 이해가 잘 안 되는 부분이 있니?"

예를 들어, 과학 시간에 '그림자와 거울'을 배웠는데 아이가 '빛의 성질'을 잘 이해하지 못했다고 해요. 그렇다면 '빛의

굴절 알아보기'를 새로운 목표로 정해볼 수 있습니다. 이때, 아이가 스스로 자신의 부족한 지점을 찾아내고 그것을 채우는 목표를 세우도록 해주세요.

다음으로, 가장 흥미로웠던 부분에 대해서도 물어봐 주세요. 역사 시간에 고대 문명에 대해 배웠는데, 고조선의 고인돌에 특별히 관심이 생겼다고 해요. 그렇다면 '고인돌 자세히 알아보기'를 새로운 목표로 정할 수 있습니다. 아이의 호기심을 자극하는 주제로 목표를 정하면 학습 의욕이 한층 높아질 겁니다.

요약하다 보면 때로는 질문이 생길 수 있습니다. 수학 시간에 '여러 가지 그래프'를 배웠는데 '그림그래프, 띠그래프, 막대그래프 등을 어디에 적용하면 좋을까?'라는 의문이 들 수 있겠지요. 그럼 각각의 그래프가 실제로 어떤 분야에 어떤 용도로 쓰이는지를 찾아보면서 개념을 명확하게 알 수 있고, 다른 과목에도 적용하며 활용법을 넓힐 수 있을 것입니다. 아이의 질문을 존중하고 격려해주는 것이 무엇보다 중요함을 기억하세요.

내용을 충분히 다루었다고 느낀다면, 이제 다른 사람에게 설명할 수 있을 정도로 완전히 숙지하는 것을 목표로 삼아봅시다. '이 주제에 대해 5분 발표 준비하기' 같은 구체적인 목표를 세워보는 것도 좋습니다. 아이들이 스스로 자신의 학습 과정을 돌아보고, 새로운 학습 목표를 세울 수 있도록 부모님은 지켜봐 주시고, 필요할 때 조언을 해주세요. 하지만 최종 결정은 아이가 스스로 내리도록 해주는 것이 중요합니다. 이런 과정을 통해 아이는 자기주도적인 학습자로 성장할 수 있습니다.

# 학습 목표 세우기

**1. 오늘 배운 내용 요약하기_** 오늘 학교에서 배운 내용 중 가장 기억에 남는 것을 간단히 적어봅시다.

- 과목:
- 배운 내용:

**2. 이해가 부족한 부분 찾기_** 위에서 요약한 내용 중 잘 이해하지 못한 부분이 있나요? 있다면 적어봅시다.

- 새로운 목표:

**3. 가장 흥미로웠던 부분 찾기_** 요약한 내용 중 가장 재미있었던 부분은 무엇인지 말해봅시다.

• 새로운 목표:

**4. 궁금한 점 적기_** 배운 내용에 대해 더 알고 싶은 점이 있는지 적어봅시다.

• 새로운 목표:

**5. 다른 과목과의 연결고리 찾기_** 오늘 배운 내용이 다른 과목과 어떤 관련이 있을지 적어봅시다.

• 새로운 목표:

6. **나만의 발표 준비하기_** 오늘 배운 내용 중 하나를 골라 3분 동안 발표할 수 있도록 준비해봅시다.


· 발표 주제:


· 발표 개요:



· 새로운 목표:

# 학습 계획을
# 스스로 세우는 아이

## 학습 계획에 꼭 필요한
## 보물지도

이제 아이들이 어떻게 스스로 학습 계획을 세울 수 있는지 알아볼까요? 학습 계획을 세우는 것은 마치 보물지도를 그리는 것과 같습니다. 지금까지 아이들이 만든 요약 정보가 바로 그 보물지도를 그리는 데 필요한 중요한 단서랍니다. 부모님들은 아이들이 이 보물지도를 잘 그릴 수 있도록 옆에서 도와주세요.

지금까지 배운 내용들이 한눈에 들어올 거예요. 3학년 아이라면 국어, 수학, 사회, 과학 등 각 과목별로 요약한 내용을 살펴보세요. 4학년이라면 각 과목 안에서 더 세부적인 주제로 나눠진 요약 내용을 확인해보세요. 5~6학년 아이들은 과목 간의 연결성도 찾아볼 수 있을 거예요.

첫 번째 단계는 현재 자신의 위치를 파악하는 거예요. 아이에게 물어보세요. "이 내용 중에서 네가 잘 아는 부분은 뭐야?", "아직 어려운 부분은 어디니?"라고 물어서 구체적으로 정리하는 게 어려운 부분을 같이 짚어보면, 어디서부터 시작해야 할지 알 수 있습니다.

 목표 지점을 정해요

아이에게 "앞으로 어떤 걸 더 잘하고 싶어?"라고 물어보세요. 3학년 아이는 "다음 수학 시험에서 90점 이상 받고 싶어요"라고 할 수 있겠죠. 4학년 아이는 "장편 책 한 권을 혼자서 다 읽어보고 싶어요."라고 할 수 있습니다. 5~6학년 아이들은 "과학 토론 대회에 나가보고 싶어요" 같은 더 구체적인 목표

를 세울 수 있을 거예요. 이 목표가 바로 아이들의 보물이 될 거
예요.

아이에게 "목표에 도달하려면 어떤 순서로 공부해야 할
까?"라고 물어보세요. 3학년 아이라면 '1단계: 구구단 외우기,
2단계: 곱셈 연습, 3단계: 문제집 풀기' 같은 식으로 계획을 세
울 수 있습니다. 4학년 아이는 '1단계: 어휘 익히기, 2단계: 짧
은 책 읽기, 3단계: 장편 읽기'처럼 계획할 수 있겠죠. 5~6학
년 아이들은 '1단계: 기본 개념 이해하기, 2단계: 심화 문제 풀
기, 3단계: 실험해보기' 같은 더 상세한 계획을 세울 수 있을 겁
니다.

아이와 함께 달력을 펼쳐놓고 각 단계를 언제까지 마칠지
표시해보세요. 2학년 아이라면 "이번 주에는 구구단을 외우고,
다음 주에는 곱셈 연습을 해요"라고 할 수 있습니다. 4학년 아

이는 "매일 30분씩 한자어 공부를 하고, 2주 후에는 짧은 동화책을 읽어볼래요"라고 계획할 수 있죠. 5~6학년 아이들은 한달, 두 달 단위의 더 긴 기간의 계획을 세울 수 있을 겁니다. 이때 여유 있게 시간을 잡는 게 중요해요. 예상치 못한 일이 생길수도 있으니까요.

학습 방법을 정해요

아이에게 "어떤 방법으로 공부하면 재미있고 효과적일까?"라고 물어보세요. 2학년 아이는 "구구단 노래를 만들어서 부르면서 외울래요"라고 할 수 있습니다. 4학년 아이는 "한자어 단어 카드를 만들어서 게임처럼 공부할래요"라고 할 수 있죠. 5~6학년 아이들은 "친구들과 스터디 그룹을 만들어서 함께 공부하고 싶어요" 같은 아이디어를 낼 수 있을 겁니다. 아이가 스스로 정한 방법이니 더 즐겁게 공부할 수 있을 거예요.

필요한 자료를 확인해요

아이에게 "공부하는 데 어떤 책이나 도구가 필요할까?"라고 물어보세요. 2학년 아이는 "구구단 포스터와 연습장이 필요해요"라고 할 수 있어요. 4학년 아이는 "민주주의에 대한 책이랑 개념어를 적을 단어장이요"라고 할 수 있죠. 5~6학년 아이들은 "과학 실험 도구와 참고서가 필요해요"같은 준비물을 떠올릴 수 있을 겁니다. 필요한 자료들을 미리 준비해두면 공부할 때 더 수월할 거예요.

 ## 점검 시간을 정해요

아이에게 "얼마나 자주 공부 계획을 확인해볼까?"라고 물어보세요. 3~4학년 아이들은 매일 저녁이나 일주일에 한 번 정도가 적당할 거예요. 5~6학년 아이들은 일주일에 한 번이나 한 달에 한 번 정도로 점검 주기를 길게 잡을 수 있습니다. 이때 부모님과 함께 점검하는 시간을 가지면 좋아요. "이번 주에는 계획대로 잘했니?", "어려운 점은 없었어?" 같은 질문을 하면서 아이의 학습 상황을 확인하고 격려해줄 수 있습니다.

아이에게 "목표를 달성하면 어떤 선물을 받고 싶어?"라고 물어보세요. 아이스크림을 먹으러 가도 좋고, 좋아하는 만화책을 사도 좋겠지요. 주말에 가족끼리 놀러가고 싶은 곳을 떠올리는 아이도 있을 거예요. 이런 작은 보상들이 아이의 학습 의욕을 높여줄 것입니다.

마지막으로, 유연성을 가지라고 아이에게 말해주세요. "계획대로 안 되더라도 괜찮아. 그때그때 수정하면 돼"라고 이야기해주세요. 예상치 못한 일이 생기거나 학습 속도가 달라질 수 있으니까요. 계획을 수정하는 것을 두려워하지 말라고 격려해주세요.

# 학습 계획 세우기

아이들이 아래 내용을 직접 작성하면서 자신의 학습 계획을 세울 수 있도록 도와주세요. 부모님께서는 아이와 대화를 나누고, 아이의 생각을 이해하며 격려해주시면 좋겠습니다. 이 과정을 통해 아이들은 자신의 학습에 대해 주도적으로 생각하고 계획을 세우는 경험을 할 수 있을 것입니다.

## 1. 나의 현재 위치 찾기

- 아이에게 물어보세요.

  "지금 잘 할 수 있는 것은 무엇이니?"

- 아이의 대답:

-------------------------------------------------

- 아이에게 물어보세요.

  "아직 어려운 부분은 어디니?"

- 아이의 대답:

-------------------------------------------------

## 2. 보물 정하기(목표 설정하기)

- 아이에게 물어보세요.

"앞으로 어떤 걸 더 잘하고 싶어?"

- 아이의 대답:


## 3. 보물을 찾아가는 길 그리기(학습 단계 정하기)

- 아이와 함께 목표에 도달하는 단계를 그려보세요.

1단계:

2단계:

3단계:


## 4. 일정 짜기(시간 계획 세우기)

- 달력에 각 단계를 언제까지 완료할지 표시해보세요.

1단계 완료일:　　　　　월　　　　　일

2단계 완료일:　　　　　월　　　　　일

3단계 완료일:　　　　　월　　　　　일

## 5. 재미있는 여행 방법 찾기(학습 방법 정하기)

- 아이에게 물어보세요.

  "어떤 방법으로 공부하면 재미있을까?"

- 아이의 대답:

## 6. 여행 준비물 챙기기(필요한 자료 확인하기)

- 아이에게 물어보세요.

  "공부하는 데 어떤 책이나 도구가 필요할까?"

- 필요한 것들:

## 7. 여행 중간 점검하기

- 얼마나 자주 계획을 확인할지 정해보세요.

  점검 주기: 매일 / 일주일에 한 번 / 한 달에 한 번

## 8. 보상 계획 세우기

- 아이에게 물어보세요.

  "목표를 이루면 어떤 선물을 받고 싶어?"

- 아이의 대답:

## [객관적 읽기 연습]

p.73

**1.** 고양이

**2.** 1) 사실 / 2) 생각

**3.** 사과

p.74

**4.** 기분이 좋아요.

**5.** 토끼가 산책 중에 커다란 당근을 발견했어요. 집으로 가져가 먹었어요. 맛있었어요.

p.75

**6.** 코끼리 외에도 큰 귀로 체온을 조절하는 동물이 있나요? (과학적)

코끼리 귀의 다른 역할이 있나요? (과학적/생태적)

코끼리는 언제 더위를 가장 많이 느끼나요? (생태적)

코끼리가 귀로 체온을 조절하지 못하면 어떻게 되나요? (생태적)

코끼리의 큰 귀는 어떤 환경에서 더 유리한가요? (생태적)

코끼리의 귀와 사막여우의 귀는 어떻게 비슷하고 다르나요? (과학적/비교)

코끼리와 기린은 더위를 피하기 위해 각각 어떤 방법을 사용하나요? (과학적/비교)

코끼리와 사자 같은 다른 사바나 동물들은 더위를 어떻게 이겨내나요? (생태적/비교)

코끼리의 귀가 체온을 조절하는 것처럼, 다른 동물들은 어떤 신체 부위로 비슷한 역할을 하나요? (과학적)

코끼리와 새는 더울 때 서로 다른 방법으로 몸을 식히는데, 그 차이

점은 무엇인가요? (과학적/비교)

코끼리와 인간은 더위를 이겨내는 방법에서 어떤 공통점과 차이점이 있나요? (사회적/비교)


## [글의 의도 파악하기]

p.85

**1. 긍정적/ 이유:** 이 글을 쓴 글쓴이의 태도는 긍정적입니다. 그 이유는 글에서 "세계적으로 그 가치를 인정받고 있습니다"와 같은 표현을 사용하며 김치의 긍정적인 면을 강조하고, "유네스코 무형문화유산으로 등재되었을 뿐만 아니라"와 "해외 수출량도 매년 증가하고 있습니다"라는 내용을 통해 김치의 성공과 중요성을 자랑스럽게 나타내고 있기 때문입니다. 글쓴이는 김치에 대한 자부심을 가지고 있으며, 이를 통해 독자들에게 긍정적인 인식을 전달하려는 의도가 드러납니다.

**2-1.** 이 글은 주장하는 글입니다. 글쓴이는 해양 생태계를 위협하는 플라스틱 쓰레기 문제를 제시한 후, "일회용품 사용을 줄이고 분리수거에 동참하는" 등의 구체적인 행동을 촉구하며, 독자들이 환경 보호를 위해 노력해야 한다는 주장을 하고 있습니다.

**2-2.** 이 글의 목적은 플라스틱 쓰레기로 인한 해양 생태계의 위협을 경고하고, 일회용품 사용을 줄이며 분리수거에 동참하도록 독려하는 것입니다. 글쓴이는 독자들에게 작은 실천이 환경 보호에 중요한 역할을 할 수 있다는 메시지를 전달하며, 환경 문제에 대한 경각심을 일깨우고 행동 변화를 촉구하고 있습니다.


p.86

**3.** 글쓴이의 숨은 의도는 독자들에게 규칙적인 운동의 중요성을 강조하고, 운동을 생활 속에서 실천하도록 권장하는 것입니다. 연구 결과를 통해 운동이 스트레스 해소와 면역력 향상에 도움이 된다는 과학

적 근거를 제시함으로써, 독자들이 운동의 이점을 인식하고 건강한 생활습관을 유지하도록 유도하려는 의도가 담겨 있습니다.

**4. 해석:** 이글에서는 '지식'을 '나무'에 비유하고 있습니다. 나무가 성장하기 위해서는 꾸준한 물과 보살핌이 필요하듯이, 지식도 지속적인 학습과 경험을 통해 쌓이고 발전해야 한다는 의미입니다.

**글쓴이의 메시지:** 글쓴이는 지식의 중요성과 지속적인 학습의 필요성을 강조하고 있습니다. 지식은 한 번에 얻어지는 것이 아니라, 꾸준히 노력하고 시간을 투자해야만 깊이 있고 넓은 지식을 쌓을 수 있다는 점을 강조하고 있습니다. 이는 독자에게 학습의 지속성을 독려하고, 지식을 성장시키기 위해 노력하라는 메시지를 전달하고 있습니다.

p.87

**5. 감정 변화:** 처음 – 귀찮고 힘들다. 하기 싫다.

　　　　　　중간 – 보람 있다.

　　　　　　끝 – 뿌듯하다.

**작가의 메시지:** 작가가 이 감정을 통해 전달하고 싶은 메시지는 봉사활동을 통해 얻는 보람과 기쁨입니다. 민지가 처음에는 귀찮고 힘든 마음으로 봉사활동에 참여했지만, 활동하면서 보람을 느끼고 뿌듯함을 경험하게 된 과정을 보여줍니다. 이로써 작가는 봉사활동이 처음에는 부담으로 다가올 수 있지만, 실천하고 나면 긍정적인 감정과 성취감을 느낄 수 있다는 점을 강조하고 있습니다.

p.88

**6. (가)의 의도:** 독서로 지식을 쌓을 수 있다며 독서 습관을 강조하고 있습니다.

**(나)의 의도:** 독서를 하면 간접경험으로 성장할 수 있다고 주장합니다.

**차이점:** (가)는 독서의 지식 쌓기에 초점을 맞추고, (나)는 독서의 경

험적인 면을 강조합니다. 또한 (가)는 독서의 실질적인 이점을, (나)는 정서적인 부분을 강조합니다. 또한 (가)는 구체적인 방법을 제시하고 (나)는 감정적 성장과 인생 경험에 초점을 맞추고 있습니다.

## [글의 주제 파악하기]

p.97

**1. 주인공:** 조류
**주요 내용:** 조류가 하는 이타적인 행동
**2. 가장 많이 반복된 단어:** 김치

p.98

**3.** 이 글은 김치의 특징과 건강상의 이로운점에 관한 글이다.
**4. 1단계:** 독서
**2단계:** 독서는 다양한 간접적 경험을 통해 삶의 지혜를 얻는 중요한 활동이라는 내용입니다.
**3단계: 핵심어:** 독서 / **호응하는 서술어:** 풍요롭게 만든다, 지식을 얻다, 상상력을 키운다, 스트레스 해소에 도움이 된다, 평화를 준다, 경험을 할 수 있다, 지혜를 얻는다.
**4단계:** 이 글은 독서의 중요성에 관한 글이다.

## [중심 내용과 뒷받침 내용 찾기]

p.112

**1. 주인공 문단:**
"나눔 장터는 단순한 벼룩시장이 아니라, 우리 동네를 더 좋은 곳으로 만드는 특별한 활동이에요. 여러분도 이번 주 토요일에 나눔 장터에 참여해 보는 건 어떨까요?"
**이유:**

이 문단은 나눔 장터의 전체적인 의미와 중요성을 요약하며 독자에게 참여를 권유하고 있습니다. 나눔 장터가 지역 사회에 긍정적인 영향을 미치고 있다는 점을 강조하여 독자에게 행동을 촉구하는 메시지를 전달하고 있기 때문에, 전체 글의 핵심을 잘 정리하고 있습니다.

## p.113

2. ★, ☆, ☆, ☆, ☆, ☆

## p.114

3. **중심 내용:** 플라스틱 사용을 줄여 환경을 보호할 수 있는 일상 속 실천 방법들을 소개합니다.

**이유:** 이 글은 플라스틱 사용의 문제점과 그로 인한 환경적 영향을 설명하며, 독자가 일상에서 실천할 수 있는 구체적인 방법을 알려줍니다. 특히 마지막 문장에서 '이러한 작은 노력이 모여 큰 변화를 가져올 수 있다'는 희망적인 메시지로 독자에게 행동을 촉구하고 있습니다. 따라서 플라스틱 사용을 줄이는 것이 중요하다는 주제가 글의 중심 내용으로 볼 수 있습니다.

## p.115

4. 운동을 하면 심장이 튼튼해집니다.
운동을 하면 적정한 체중을 유지할 수 있습니다.
운동은 스트레스를 없애고 기분을 좋게 만들어줍니다.
몸을 움직이면 근육이 강해지고 뼈도 튼튼해집니다.
운동을 자주 하면 아프지 않고 더 건강해질 수 있습니다.
운동을 하면 체력이 좋아져서 더 활동적이고 재미있게 놀 수 있습니다.

## p.117

6. **중심 내용:** 지구 온난화는 우리 시대의 가장 심각한 환경 문제로, 이를 해결하기 위해 전 세계적인 노력이 필요하다.

**뒷받침 내용:**

1. 지구의 평균 기온 상승으로 인해 빙하가 녹고 해수면이 상승하여 해안가 도시들이 침수 위험에 처하고 있다. 일부 작은 섬나라들은 사라질 위기에 놓여 있다.

2. 기후 변화로 인해 이상 기후 현상이 증가하고 있으며, 자연재해가 더 자주, 더 강력하게 발생하여 많은 사람들의 생활에 위협이 되고 있다.

3. 개인적으로는 에너지 절약과 재활용 실천을 통해 온실가스 배출을 줄일 수 있으며, 국가적으로는 재생 에너지 사용 확대와 탄소 배출 규제 등의 정책이 필요하다.


[핵심어 찾기의 달인 되기]

p.130

(1) 동물, 보호색, 주변 환경

(2) 문화, 차별, 편견

(3) 물질, 고체, 액체, 기체


[사실과 의견을 구분하기]

p.141

**1.** 사실 / 의견 / 사실 / 의견

**2.** 우리 학교 운동장은 너무 작아요. 더 넓은 운동장이 있으면 좋겠어요. 그러면 친구들과 더 재미있게 놀 수 있을 거예요.

**3.** 충실하다, 사람을 잘 따른다, 산책을 해야 해서 사람들 건강에도 좋다.


p.142

**4.** 앞자리에 있는 애들만 준 건 차별이다.

**5.** 일기예보에서 '내일 비가 올 확률이 80%입니다'라는 문장이 더 신뢰

할 수 있습니다. 그 이유는 '일기예보'라는 기상학적 데이터를 기반으로 전문가들이 분석해서 제공하는 정보를 근거로 하고 있고, "확률이 80%"라는 구체적인 수치를 제시했기 때문입니다. 또한 친구의 말은 개인의 주관적인 관찰이나 경험에 기반한 것이지만, 일기예보는 광범위한 데이터 분석에 기초합니다.

# 초등 3학년, 요약 잘하는 아이가 앞서갑니다

초판 1쇄 인쇄 2024년 11월 4일 | 초판 1쇄 발행 2024년 11월 20일

지은이 이현실, 남상욱

펴낸이 신광수
CS본부장 강윤구 | 출판개발실장 위귀영 | 디자인실장 손현지
단행본개발팀 김혜연, 조기준, 조문채, 정혜리
출판디자인팀 최진아, 김가민 | 저작권 김마이, 이아람
출판사업팀 이용복, 민현기, 우광일, 김선영, 신지애, 이강원, 정유, 정슬기, 허성배, 정재욱,
박세화, 김종민, 정영묵, 전지현
영업관리파트 홍주희, 이은비, 정은정
CS지원팀 강승훈, 봉대중, 이주연, 이형배, 전효정, 이우성, 장현우, 정보길

펴낸곳 (주)미래엔 | 등록 1950년 11월 1일(제16-67호)
주소 06532 서울시 서초구 신반포로 321
미래엔 고객센터 1800-8890
팩스 (02)541-8249 | 이메일 bookfolio@mirae-n.com
홈페이지 www.mirae-n.com

ISBN 979-11-7311-389-5 13370

와이즈베리는 참신한 시각, 독창적인 아이디어를 환영합니다.
기획 취지와 개요, 연락처를 bookfolio@mirae-n.com으로 보내주십시오.
와이즈베리와 함께 새로운 문화를 창조할 여러분의 많은 투고를 기다립니다.